谈治理 说政德

论修养 启哲思

寄壮志 抒情怀

观时地 传友谊

习近平

引用诗词释读

本书编写组

人民文学出版社

图书在版编目（CIP）数据

习近平引用诗词释读/本书编写组编著. --北京：人民文学出版社，2024
ISBN 978-7-02-018666-2

Ⅰ.①习… Ⅱ.①本… Ⅲ.①习近平－著作－学习参考资料 Ⅳ.①D2-0

中国国家版本馆CIP数据核字（2024）第092053号

责任编辑　李　俊　朱卫净
装帧设计　刘　静
责任印制　张　娜

出版发行　人民文学出版社
社　　址　北京市朝内大街166号
邮政编码　100705

印　　刷　北京新华印刷有限公司
经　　销　全国新华书店等

字　　数　212千字
开　　本　710毫米×1000毫米　1/16
印　　张　24.25　插页3
版　　次　2024年5月北京第1版
印　　次　2024年5月第1次印刷

书　　号　978-7-02-018666-2
定　　价　55.00元

如有印装质量问题，请与本社图书销售中心调换。电话：010－65233595

编写说明

习近平新时代中国特色社会主义思想是当代中国马克思主义、二十一世纪马克思主义，是中华文化和中国精神的时代精华，实现了马克思主义中国化新的飞跃。党的二十大报告强调："坚持和发展马克思主义，必须同中华优秀传统文化相结合。"中国古典诗词是中华优秀传统文化的重要组成部分，蕴含丰富的美学形态、人文精神、道德观念、哲学思考，体现了中国人民在长期生产生活中积累的宇宙观、天下观、道德观、社会观，有其永不褪色的时代价值。习近平总书记的重要讲话、文章中，常常引用中国古典诗词来传达深意、抒发情怀、启迪思考，展现了深厚的文化底蕴、浓浓的文学情缘。以"大鹏一日同风起，扶摇直上九万里"，宣示中华民族伟大复兴不可逆转；以"不要人夸颜色好，只留清气满乾坤"，彰显中国共产党人的自信和清醒；以"一语不能践，万卷徒空虚"，阐释调查研究的重要性；以"甘瓜抱苦蒂，美枣生荆棘"，分析经济全球化的两面性……习近平总书记引用这些诗词承载着内政外交国防、治党治国治军之道，把深刻的哲理化为诗歌的意趣，以文学的语言表达深邃的思想，既让人感受到中华传统文化的隽永，更让人体会到时代精神的精深，是马克思主义基本原理同中华优秀传统文化相结合的经典范例，为我们深入学习领会习近平文化思想，更好地宣传阐释习近平新时代中国特色社会主义思想，提供了鲜活生动的素材。

我们遴选了党的十八大到党的二十大期间，习近平总书记重要讲话、文章中引用的 99 则诗词名句，分为谈治理、说政德、论修养、启哲思、寄壮志、抒情怀、观时地、传友谊 8 篇，按时间顺序由近及远编排，并撰写了"延伸阅读"和"诗词释义"，阐释其背景义理和现实意义，汇编成《习近平引用诗词释读》一书。希望通过诗词名句这种辞约义丰、朗朗上口的形式，更广泛、更有效地宣传习近平新时代中国特色社会主义思想；探索从马克思主义基本原理同中华优秀传统文化相结合的新角度，让更多人更深刻地感受人民领袖的思想伟力，以期达到习近平总书记提出的"加强传播手段和话语方式创新，让党的创新理论'飞入寻常百姓家'"的效果，使当代中国马克思主义、二十一世纪马克思主义进一步在中国广大人民心中落地生根。

本书"诗词释义"部分参考了当代学者的研究成果，为使行文简洁，未能一一标注出处，在此特致谢忱。

本书编写组

目　录

谈治理

看似寻常最奇崛，成如容易却艰辛。.......................002

谁知盘中餐，粒粒皆辛苦。.............................006

千磨万击还坚劲，任尔东西南北风。.....................010

邦畿千里，维民所止。.................................014

我劝天公重抖擞，不拘一格降人才。.....................017

飞入寻常百姓家。.....................................020

迨天之未阴雨，彻彼桑土，绸缪牖户。...................024

暖暖远人村，依依墟里烟。狗吠深巷中，鸡鸣桑树颠。.......027

落其实思其树，饮其流怀其源。.........................031

新松恨不高千尺，恶竹应须斩万竿。.....................035

靡不有初，鲜克有终。.................................039

思皇多士，生此王国。王国克生，维周之桢；济济多士，文王以宁。.....042

云散月明谁点缀，天容海色本澄清。.....................045

劝君莫打三春鸟，儿在巢中望母归。.....................049

说政德

宜将剩勇追穷寇，不可沽名学霸王。..........054

乱云飞渡仍从容。..........058

疾风知劲草，板荡识诚臣。..........062

大贤秉高鉴，公烛无私光。..........065

险夷不变应尝胆，道义争担敢息肩。..........069

生年不满百，常怀千岁忧。..........073

砍头不要紧，只要主义真。..........077

不能胜寸心，安能胜苍穹。..........081

衙斋卧听萧萧竹，疑是民间疾苦声。些小吾曹州县吏，

　一枝一叶总关情。..........085

夙夜在公。..........089

位卑未敢忘忧国。..........092

苟利国家生死以，岂因祸福避趋之。..........092

人生自古谁无死，留取丹心照汗青。..........092

历览前贤国与家，成由勤俭破由奢。..........098

论修养

人生万事须自为，跬步江山即寥廓。..........104

横眉冷对千夫指，俯首甘为孺子牛。..........108

人生天地间，长路有险夷。..........112

一语不能践，万卷徒空虚。..........116

青春虚度无所成，白首衔悲亦何及。...........................120

人才自古要养成，放使干霄战风雨。...........................124

白日不到处，青春恰自来。苔花如米小，也学牡丹开。...........128

亦余心之所善兮，虽九死其犹未悔。...........................132

繁霜尽是心头血，洒向千峰秋叶丹。...........................136

春蚕到死丝方尽，蜡炬成灰泪始干。...........................140

诚既勇兮又以武，终刚强兮不可凌。身既死兮神以灵，

　　魂魄毅兮为鬼雄。.......................................144

少年辛苦终身事，莫向光阴惰寸功。...........................148

千淘万漉虽辛苦，吹尽狂沙始到金。...........................152

启哲思

飞来山上千寻塔，闻说鸡鸣见日升。不畏浮云遮望眼，

　　自缘身在最高层。.......................................158

甘瓜抱苦蒂，美枣生荆棘。...................................162

吟安一个字，捻断数茎须。...................................166

乱花渐欲迷人眼。...170

纸上得来终觉浅，绝知此事要躬行。...........................174

昨夜西风凋碧树。独上高楼，望尽天涯路。.....................178

衣带渐宽终不悔，为伊消得人憔悴。...........................178

众里寻他千百度，蓦然回首，那人却在，灯火阑珊处。...........178

随人作计终后人，自成一家始逼真。...........................183

闭门觅句非诗法，只是征行自有诗。...........................187

莫言下岭便无难，赚得行人错喜欢。正入万山圈子里，

　一山放出一山拦。..................................191

骏马能历险，力田不如牛。坚车能载重，渡河不如舟。..........195

寄壮志

为有牺牲多壮志，敢教日月换新天。..................200

大鹏一日同风起，扶摇直上九万里。..................204

不破楼兰终不还。..................................208

当惊世界殊。......................................212

自信人生二百年，会当水击三千里。..................216

九万里风鹏正举。..................................219

江山留胜迹，我辈复登临。..........................223

祖国安危人有责，冲天壮志付飞鹏。..................227

弄潮儿向涛头立。手把红旗旗不湿。..................231

天地英雄气，千秋尚凛然。..........................235

雄关漫道真如铁。..................................239

人间正道是沧桑。..................................239

长风破浪会有时。..................................239

抒情怀

安得广厦千万间，大庇天下寒士俱欢颜！..............246

沉舟侧畔千帆过，病树前头万木春。..................250

乘风好去，长空万里，直下看山河。 ⋯⋯⋯⋯⋯⋯⋯⋯⋯⋯ 254

等闲识得东风面，万紫千红总是春。 ⋯⋯⋯⋯⋯⋯⋯⋯ 258

芳林新叶催陈叶，流水前波让后波。 ⋯⋯⋯⋯⋯⋯⋯⋯ 262

不要人夸颜色好，只留清气满乾坤。 ⋯⋯⋯⋯⋯⋯⋯⋯ 266

路漫漫其修远兮，吾将上下而求索。 ⋯⋯⋯⋯⋯⋯⋯⋯ 270

桐花万里丹山路，雏凤清于老凤声。 ⋯⋯⋯⋯⋯⋯⋯⋯ 274

时穷节乃见，一一垂丹青。 ⋯⋯⋯⋯⋯⋯⋯⋯⋯⋯⋯⋯⋯⋯ 278

慈母手中线，游子身上衣。临行密密缝，意恐迟迟归。

　谁言寸草心，报得三春晖。 ⋯⋯⋯⋯⋯⋯⋯⋯⋯⋯⋯ 282

莫道桑榆晚，为霞尚满天。 ⋯⋯⋯⋯⋯⋯⋯⋯⋯⋯⋯⋯⋯ 286

长太息以掩涕兮，哀民生之多艰。 ⋯⋯⋯⋯⋯⋯⋯⋯⋯ 290

观时地

愿将黄鹤翅，一借飞云空。 ⋯⋯⋯⋯⋯⋯⋯⋯⋯⋯⋯⋯⋯ 296

潮平两岸阔，风正一帆悬。 ⋯⋯⋯⋯⋯⋯⋯⋯⋯⋯⋯⋯⋯ 300

迟日江山丽，春风花草香。 ⋯⋯⋯⋯⋯⋯⋯⋯⋯⋯⋯⋯⋯ 304

春秋多佳日，登高赋新诗。 ⋯⋯⋯⋯⋯⋯⋯⋯⋯⋯⋯⋯⋯ 308

日月不肯迟，四时相催迫。 ⋯⋯⋯⋯⋯⋯⋯⋯⋯⋯⋯⋯⋯ 312

不似天涯，卷起杨花似雪花。 ⋯⋯⋯⋯⋯⋯⋯⋯⋯⋯⋯⋯ 316

五峰如指翠相连，撑起炎荒半壁天。夜盥银河摘星斗，

　朝探碧落弄云烟。 ⋯⋯⋯⋯⋯⋯⋯⋯⋯⋯⋯⋯⋯⋯⋯⋯ 316

绿衣歌舞不动尘，海仙骑鱼波袅袅。 ⋯⋯⋯⋯⋯⋯⋯⋯ 316

接天莲叶无穷碧，映日荷花别样红。 ⋯⋯⋯⋯⋯⋯⋯⋯ 322

风翻白浪花千片，雁点青天字一行。 326

山明水净夜来霜，数树深红出浅黄。 330

传友谊

青山一道同云雨，明月何曾是两乡。 336

与君远相知，不道云海深。 339

海内存知己，天涯若比邻。 342

相知无远近，万里尚为邻。 346

十年磨一剑。 350

青山遮不住，毕竟东流去。 354

欲穷千里目，更上一层楼。 358

日月不同光，昼夜各有宜。 362

浩渺行无极，扬帆但信风。 366

山重水复疑无路，柳暗花明又一村。 370

"诗词释义"部分主要参考文献 374

谈治理

看似寻常最奇崛，成如容易却艰辛。

看似寻常最奇崛，成如容易却艰辛。深圳等经济特区一路走来，每一步都不是轻而易举的，每一步都付出了艰辛努力。深圳等经济特区改革发展事业取得的成就，是党中央坚强领导的结果，是广大干部群众开拓进取的结果，是全国人民和四面八方广泛支持的结果。

——《在深圳经济特区建立40周年庆祝大会上的讲话》（2020年10月14日）

[延伸阅读]

深圳是改革开放后党和人民一手缔造的崭新城市,是中国特色社会主义在一张白纸上的精彩演绎。40多年来,深圳走过了国外一些国际化大都市上百年走完的历程,从一个落后的边陲小镇发展成为具有全球影响力的国际化大都市,创造了世界发展史上的一个奇迹。习近平总书记用五个"历史性跨越"高度评价了深圳在解放和发展生产力、全面深化改革、实现全方位高水平对外开放、坚持发展社会主义民主政治、大幅提高人民生活水平等方面创造的辉煌成就。今天的深圳生机勃勃,向世界展示着我国改革开放的磅礴伟力,展示着中国特色社会主义的光明前景。习近平总书记引用"看似寻常最奇崛,成如容易却艰辛"这两句诗说明,深圳等经济特区一路走来,每一步都付出了艰苦努力。深圳等经济特区所取得的成就,是党中央坚强领导的结果,是广大干部群众埋头苦干、开拓进取的结果,是全国人民和四面八方广泛支持的结果。

当前,世界百年未有之大变局加速演进,国内发展环境也经历着深刻变化。习近平总书记曾多次引用这句诗,告诫党员干部成功来之不易,勉励亿万人民继续奋勇搏击。面向未来,全面建设社会主义现代化国家新征程,以中国式现代化全面推进中华民族伟大复兴,还有许多"雪山""草地"等待我们去跨越,还有许多"娄山关""腊子口"需要我们去征服,任何贪图安逸、消极懈怠、回避矛盾的思想和行为都会使实现梦想的努力功亏一篑。知所从来,明所将往,深刻认识所有的成功都离不开艰辛的奋斗、必须奋斗才能获得成功的道理,我们就能以昂扬的斗志和无畏的精神,不断从胜利走向胜利,为实现伟大梦想开辟一条壮阔征途。

[诗词释义]

题张司业诗

〔宋〕王安石

苏州司业诗名老，乐府皆言妙入神。
看似寻常最奇崛，成如容易却艰辛。

王安石写这首诗，既是评论唐代诗人张籍的诗，也是总结自己的创作经验。一、二句高度评价张籍的诗久负盛名，人人赞其乐府高妙入神。三、四句是说张籍的诗看起来好像很平常，实则最为清奇峭拔；写出来好像很容易，其实饱含艰辛，深刻阐明了诗歌创作中"寻常"与"奇崛"、"容易"与"艰辛"的辩证关系。

就诗歌创作而言，平淡有真味、天然去雕饰正是诗人推崇的理念，也是很多中国古代文人着力追求的艺术境界。元好问的"一语天然万古新，豪华落尽见真淳"。葛立方的"大抵欲造平淡，当自组丽中来，落其华芬，然后可造平淡之境"。梅尧臣的"作诗无古今，唯造平淡难"。这些都说明了诗歌创作要达到从"组丽"归"平淡"，从"寻常"见"奇崛"，必须经历艰苦磨砺的过程。后两句诗论不仅是诗歌创作经验的总结，也揭示了人生普遍规律：有些东西看似"寻常"，其实内里"奇崛"，底蕴深厚；有些成功看来"容易"，其实历尽"艰辛"，久经锤炼。我们既要学会平中见奇、易中知难的人生智慧，更要艰苦实践、不懈努力，唯有如此，才能克服各种困难取得更大的成就。

谁知盘中餐，粒粒皆辛苦。

　　餐饮浪费现象，触目惊心、令人痛心！"谁知盘中餐，粒粒皆辛苦。"尽管我国粮食生产连年丰收，对粮食安全还是始终要有危机意识，今年全球新冠肺炎疫情所带来的影响更是给我们敲响了警钟。

　　——对制止餐饮浪费行为作出的重要指示（2020 年8 月）

习近平总书记一直高度重视粮食安全，提倡"厉行节约、反对浪费"的社会风尚，强调要制止餐饮浪费行为。党的十八大以来，习近平总书记多次作出重要指示，指出"浪费之风务必狠刹"，号召"努力使厉行节约、反对浪费在全社会蔚然成风"，要求以刚性的制度约束、严格的制度执行、强有力的监督检查、严厉的惩戒机制，切实遏制公款消费中的各种违规违纪违法现象，并针对部分学校存在食物浪费和学生节俭意识缺乏的问题，对切实加强引导和管理、培养学生勤俭节约的良好美德等提出明确要求。

"俭，德之共也；侈，恶之大也。"习近平总书记引用"谁知盘中餐，粒粒皆辛苦"这两句大家耳熟能详的唐诗正是要强调，勤俭节约是我们的传家宝，什么时候都不能丢掉。我们可以从两方面来理解制止餐饮浪费的重要意义：一方面，我国是一个人口众多、土地资源相对不足的国家，从中长期看我国的粮食供需仍将维持紧平衡态势，制止餐饮浪费行为对守护粮食安全意义重大。另一方面，艰苦奋斗、勤俭节约，不仅是我们一路走来、发展壮大的重要经验，也是我们继往开来、再创辉煌的重要保证。正如习近平总书记强调的："过去我们党靠艰苦奋斗、勤俭节约不断成就伟业，现在我们仍然要用这样的思想来指导工作。"踏上全面建设社会主义现代化国家新征程，光荣的历史使命、宏伟的奋斗目标、复杂的内外环境，都呼唤我们大兴艰苦奋斗之风，厉行勤俭节约、反对铺张浪费，集中力量办好自己的事情。

［ 诗词释义 ］

悯农二首（其二）

〔唐〕李绅

锄禾日当午，汗滴禾下土。

谁知盘中餐，粒粒皆辛苦。

　　这首诗书写了农民劳作的艰辛，感叹劳动果实来之不易。一、二句描写在烈日当空的正午，农民依然在田间劳作，汗珠一滴一滴洒落在禾苗下的泥土里。这两句以农民作为书写对象，撷取了最富典型意义的劳动场景加以描绘，入木三分地刻画出农民终日辛勤劳作的形象。有了这两句的生动描写，自然引出三、四句所抒发的感慨：有谁想到碗里的饭食，一粒粒都是农民辛勤汗水的结晶！意在强调人们应该珍惜农民的劳动成果，不要浪费一粒粮食。"悯农"之深情溢于言表。

　　全诗平易通俗，却无单调浅薄之弊；重在劝诫，却无空洞说教之嫌。主要是因为选择了典型的生活细节进行描写，围绕人们熟悉的生活事实加以点拨。前两句的形象描写为后面的议论埋下伏笔，后两句的精妙议论使前面的描写得以升华。特别是巧妙地将碗中的粒粒粮食与农民的滴滴汗珠联系在一起，显示了诗人敏锐的观察力和高超的概括力，既引人共鸣，又发人深省。这恐怕也是这首小诗在民间广为传诵、经久不衰的一个原因吧!

千磨万击还坚劲，任尔东西南北风。

全党同志特别是各级领导干部做政治上的明白人，很重要的一条就是任何时候任何情况下都要坚定中国特色社会主义道路自信、理论自信、制度自信、文化自信，真正做到"千磨万击还坚劲，任尔东西南北风"。

——《在中共十九届四中全会第二次全体会议上的讲话》(2019 年 10 月 31 日)

[延伸阅读]

"凡将立国，制度不可不察也。"制度优势是一个国家的最大优势，制度竞争是国家间最根本的竞争。制度稳则国家稳。新中国成立 70 多年来，中华民族之所以能迎来从站起来、富起来到强起来的伟大飞跃，最根本的是因为党领导人民建立和完善了中国特色社会主义制度，形成和发展了党的领导和经济、政治、文化、社会、生态文明、军事、外事等各方面制度，不断加强和完善国家治理。党的十九届四中全会，从 13 个方面概括了中国国家制度和国家治理体系具有的显著优势。这些显著优势，是我们坚定中国特色社会主义道路自信、理论自信、制度自信、文化自信的基本依据。

"鞋子合不合脚，只有穿的人才知道。"中国特色社会主义制度好不好、优越不优越，中国人民最清楚，也最有发言权。一个国家选择什么样的国家制度和国家治理体系，是由这个国家的历史文化、社会性质、经济发展水平决定的。中国特色社会主义制度和国家治理体系是以马克思主义为指导、植根中国大地、具有深厚中华文化根基、深得人民拥护的制度和治理体系，是党和人民长期奋斗、接力探索、历尽千辛万苦、付出巨大代价取得的根本成就，我们必须倍加珍惜，毫不动摇坚持、与时俱进发展。习近平总书记引用"千磨万击还坚劲，任尔东西南北风"这两句诗，就是要强调："我们在这个重大政治问题上一定要有定力、有主见，决不能自失主张、自乱阵脚。"

[诗词释义]

竹 石

〔清〕郑燮

咬定青山不放松，立根原在破岩中。
千磨万击还坚劲，任尔东西南北风。

　　这是一首题画诗。它吟咏的是扎根在岩石缝中的竹子，故题曰"竹石"。首句开宗明义，刻画出竹子的"坚劲"形象。一个"咬"字把竹子拟人化，不仅写出其牢牢挺立于青山之上的峭拔神韵，更表现出它坚定的意志和顽强的生命力。二句紧承上句，道出竹子把根深深地扎在破裂的岩石之中，也传达出根基深才力量强的哲理。三、四句进一步展现竹子的"坚劲"品格：它历经自然界的千磨万击仍不改坚劲本色，任凭你刮来东西南北的狂风！"千磨万击"和"东西南北风"言其经历的磨难之多之重，"还"和"任"写出它初心不改、百折不挠的精神风貌。

　　这还是一首托物言志诗。通过吟咏竹子的"坚劲"，塑造了一个坚忍不拔、顶天立地的硬汉形象。竹子作为古代"四君子"之一，通常代表清雅挺秀、谦谦君子的形象，而这首诗着重赋予其"坚劲"的品格，这恐怕也与诗人的个性有关。作为当时的"扬州八怪"之一,诗人生性刚正不阿,从不向"东西南北风"所象征的恶势力屈服。竹子的铮铮傲骨,也是他个人风骨的真实写照,带给人们生命的力量与感动,因而经久流传。

邦畿千里，维民所止。

我们辽阔的疆域是各民族共同开拓的。"邦畿千里，维民所止。"各族先民胼手胝足、披荆斩棘，共同开发了祖国的锦绣河山。自古以来，中原和边疆人民就是你来我往、频繁互动。

——《在全国民族团结进步表彰大会上的讲话》

（2019 年 9 月 27 日）

[延伸阅读]

　　我们伟大的祖国，幅员辽阔，文明悠久，中华民族多元一体是先人留给我们的丰厚遗产，也是我国发展的巨大优势。在全国民族团结进步表彰大会上，习近平总书记从"我们辽阔的疆域是各民族共同开拓的""我们悠久的历史是各民族共同书写的""我们灿烂的文化是各民族共同创造的""我们伟大的精神是各民族共同培育的"四个层面，深刻阐明了各民族交融汇聚成多元一体的中华民族历史。他进而强调："各民族之所以团结融合，多元之所以聚为一体，源自各民族文化上的兼收并蓄、经济上的相互依存、情感上的相互亲近，源自中华民族追求团结统一的内生动力。正因为如此，中华文明才具有无与伦比的包容性和吸纳力，才可久可大、根深叶茂。"

　　在论述"我们辽阔的疆域是各民族共同开拓的"时，他引用了"邦畿千里，维民所止"这古雅的诗句。从历史上看，中原和边疆人民你来我往、频繁互动，既有汉民屯边，也有边民内迁，历经几次民族大融合，各民族你中有我、我中有你，共同开拓着脚下的土地。今天，960多万平方公里的大地富饶辽阔，这是各族先民留给我们的神圣故土，也是中华民族赖以生存发展的美丽家园。实现中华民族伟大复兴的中国梦，就要不断铸牢中华民族共同体意识，把民族团结进步事业作为基础性事业抓紧抓好，促进各民族像石榴籽一样紧紧拥抱在一起，推动中华民族走向包容性更强、凝聚力更大的命运共同体。

[诗词释义]

诗经·商颂·玄鸟

天命玄鸟，降而生商，宅殷土芒芒。古帝命武汤，正域彼四方。方命厥后，奄有九有。商之先后，受命不殆，在武丁孙子。武丁孙子，武王靡不胜。龙旂十乘①，大糦是承②。邦畿千里，维民所止，肇域彼四海。四海来假，来假祁祁。景员维河。殷受命咸宜，百禄是何。

这首诗是商族后裔祭祀殷高宗武丁的颂歌。全诗共 22 句，追叙了殷商史事，通篇写商"受天命"治国。

"邦畿千里，维民所止"，是广为后人引用的典故。"邦畿"，即古代直属天子管理的地盘，在商代指黄河中下游的商民聚居之地，是王朝的统治中心；除中原外，商代将周边方国也视为其疆域的组成部分，所谓"肇域彼四海"。这种"邦畿"与"四海"中华一体的疆域观，奠定了中国人"天下观"的基础。"维"，语助词。"止"，表示到达，也有居住之意。这两句意谓天子统治的千里疆土，是由民众开拓出来的，是民众所居住生活的地方。反过来也可以这样理解，只有民众所到达和居住的地方，才能成为天子统治的疆域，因此民乃国之根本。

注释：

①旂（qí）：同"旗"。　②糦（xī）：酒食。

我劝天公重抖擞，不拘一格降人才。

　　我国历朝历代都重视官吏选拔和管理，中国历史上凡是有作为的政治家都懂得，"为政之要，惟在得人"、"育材造士，为国之本"的道理，在吏治方面留下了很多思想和做法，其中不乏真知灼见。比如，《墨子》中说"国有贤良之士众，则国家之治厚；贤良之士寡，则国家之治薄"，韩非子说"宰相必起于州部，猛将必发于卒伍"，孟子说"故天将降大任于是人也，必先苦其心志，劳其筋骨，饿其体肤，空乏其身"，诸葛亮说"为人择官者乱，为官择人者治"，司马光提出"凡用人之道，采之欲博，辨之欲精，使之欲适，任之欲专"，龚自珍写道"我劝天公重抖擞，不拘一格降人才"，等等。

　　　　——《在十九届中央政治局第十次集体学习时的
　　讲话》(2018 年 11 月 26 日)

[延伸阅读]

重视吸取历史经验是我们党的一个好传统。重视、研究、借鉴历史，了解历史上治乱兴衰规律，可以给我们带来很多了解昨天、把握今天、开创明天的启示。2018 年 11 月 26 日下午，十九届中央政治局举行第十次集体学习，安排的就是"中国历史上的吏治"这个题目，目的是了解我国历史上吏治的得失，为建设高素质干部队伍提供一些借鉴。

习近平总书记引用的"我劝天公重抖擞，不拘一格降人才"，正是古人在吏治方面留下的一个真知灼见。千秋基业，人才为本。在百年奋斗历程中，我们党始终重视培养人才、团结人才、成就人才，团结和支持各方面人才为党和人民的事业建功立业。习近平总书记多次强调，人才是第一资源，要树立强烈的"人才意识"。党的二十大报告要求："建立堪当民族复兴重任的高素质干部队伍。"寻觅人才求贤若渴，发现人才如获至宝，举荐人才不拘一格，使用人才各尽其能，才能真正聚天下英才而用之。从明确新时代好干部标准，到提出新时代党的组织路线；从加强高素质专业化干部队伍建设，到大力培养选拔年轻干部，我们党在选人用人上不断打开视野、不拘一格，把干部队伍和各方面人才的作用充分发挥出来，为党和国家事业发展提供了强大的动力、深厚的支撑。

[诗词释义]

己亥杂诗（其一二五）

〔清〕龚自珍

九州生气恃风雷，万马齐喑究可哀。

我劝天公重抖擞，不拘一格降人才。

龚自珍是清代启蒙思想家，他所处的时代正可谓"山雨欲来风满楼"。他因针砭时弊、宣传变革而受到排挤。道光十九年（1839年）他毅然辞官南归，两次往返京杭途中写下315首《己亥杂诗》。这首诗的前两句赞美风神、雷神，认为中国大地要焕发生气，必须依靠风神、雷神施威，才能打破死气沉沉的可悲局面。后两句以"祷祠"者的口吻向上天祷告：奉劝天公重新打起精神，破格选拔真正的人才到人间来，开创充满生机的新局面。

这首诗借鬼神说苍生，以自然喻人事，通篇语义双关，具有鲜明的政论色彩。"九州""风雷""万马""天公"都是具有壮伟特征的意象，明指自然界和神灵，暗指政治社会。诗人认为，要使中国重现生机，只能依靠疾风迅雷般的变革，一扫沉寂的政治局面。他希望皇帝能振作精神改革，打破一切桎梏，让各种人才大量涌现，共同拯救中国。这种大刀阔斧变革的主张在当时可谓振聋发聩，钱穆在《中国近三百年学术史》中称龚自珍"为开风气之一人"。诗的后两句尤其广为传诵，成语"不拘一格"便源自于此。

飞入寻常百姓家。

要加强传播手段和话语方式创新,让党的创新理论"飞入寻常百姓家"。

——《在全国宣传思想工作会议上的讲话》(2018 年
8 月 21 日)

[延伸阅读]

"明者因时而变，知者随事而制。"对于宣传思想工作，习近平总书记特别强调"创新"的重要性。在2013年的全国宣传思想工作会议上，他就提出，宣传思想工作创新，重点要抓好理念创新、手段创新、基层工作创新。在党的新闻舆论工作座谈会上，他提出，党的新闻舆论工作必须创新理念、内容、体裁、形式、方法、手段、业态、体制、机制，增强针对性和实效性。在2018年的全国宣传思想工作会议上，他再次提出，要加强传播手段和话语方式创新，让党的创新理论"飞入寻常百姓家"。习近平总书记化用这句诗，对宣传思想工作贴近大众、做好理论普及提出了新的要求。

"现实的成功是最好的理论，没有一种抽象的教条能够和它辩论。"沉着应对新冠肺炎疫情，经济社会发展蹄疾步稳，书写摆脱贫困的"中国奇迹"，建成惠及14亿多人的全面小康社会，中国制造、中国创造、中国建造改变世界……党的十八大以来，中国的历史性成就和变革，为习近平新时代中国特色社会主义思想写下了生动的注脚。这也是我们做好宣传思想工作最丰富的素材、最坚实的基础、最深厚的底气。宣传思想工作必须找到新形式、新方法、新手段，增强说服力和感召力，提高传播力、引导力、影响力、公信力。只有不断创新传播手段和话语方式，才能让当代中国马克思主义、二十一世纪马克思主义进一步在中国广大人民心中落地生根。

[诗词释义]

乌 衣 巷

〔唐〕刘禹锡

朱雀桥边野草花，乌衣巷口夕阳斜。
旧时王谢堂前燕，飞入寻常百姓家。

《乌衣巷》是刘禹锡怀古组诗《金陵五题》中的第二首，是刘禹锡最得意的怀古名篇之一。东晋时都城建康（今江苏南京）秦淮河上的朱雀桥车水马龙，河南岸的乌衣巷繁华鼎盛，权倾一时的宰相王导和谢安都曾住在这里，而今却野草丛生，唯有残阳斜照。"朱雀桥"与"乌衣巷"偶对天成，"野草"与"夕阳"象征衰败，动词"花"与"斜"平添寂寥的气氛。一、二句尽管描写的景物寻常，却蕴藉含蓄，今昔沧桑巨变已跃然纸上。

三、四句笔触一转，投向乌衣巷上空觅巢的春燕。这些过去栖息在王、谢两家高大厅堂前的"旧时"燕，如今却飞入"寻常"百姓家筑巢了。"旧时"两字赋予燕子以历史见证者的身份，"寻常"两字则凸显了燕子今昔主人的强烈反差。尽管今日之燕早已不是四百年前的"旧时"燕，但诗人以燕栖旧巢唤起人们的想象，以燕子易主激起人们的慨叹，从中可以读出诗人对世事沧桑、盛衰更替的无限感慨。施补华的《岘佣说诗》评这两句时说："若作燕子他去，便呆。盖燕子仍入此堂，王、谢零落，已化作寻常百姓矣。如此则感慨无穷，用笔极曲。"这两句诗也因此成为点睛之笔和千古名句，引得后人发出无尽慨叹。现在，人们也经常用"飞入寻常百姓家"的字面意义，来形容事物的推广与普及。

迨天之未阴雨，彻彼桑土，绸缪牖户。

《诗经》上说："迨天之未阴雨，彻彼桑土，绸缪牖户。"说的是一种小鸟，在天未下雨之前，就懂得衔取桑树根，缠绕巢穴，使巢更加坚固。见兔顾犬、亡羊补牢，是为下策；积谷防饥、曲突徙薪，方为上策。

——《增强忧患意识、防范风险挑战要一以贯之》

(2018 年 1 月 5 日)

[延伸阅读]

习近平总书记多次强调，要坚持底线思维，不回避矛盾，不掩盖问题，凡事从坏处准备，努力争取最好的结果，做到有备无患、遇事不慌，牢牢把握主动权。底线思维是一种思想方法，就是凡事做最坏的打算，追求最好的结果。尤其是面对大事难事，总是首先科学判断风险困难，估计可能出现的最坏情况，以此设定为底线，进而采取有效对策和果断行动。有了应对困难的思想准备，我们面对各种纷繁复杂的问题，就有"不畏浮云遮望眼"的清醒头脑，有"乱云飞渡仍从容"的战略定力，有"不到长城非好汉"的进取精神。

"人无远虑，必有近忧"，深谋才能远虑，忧患才能深谋。我们党在内忧外患中诞生，在磨难挫折中成长，在战胜风险挑战中壮大，始终有着强烈的忧患意识、风险意识。今后一个时期，我们将面对更多逆风逆水的外部环境，必须做好应对一系列新的风险挑战的准备。党的二十大报告强调："我们必须增强忧患意识，坚持底线思维，做到居安思危、未雨绸缪，准备经受风高浪急甚至惊涛骇浪的重大考验。"领导干部要有草摇叶响知鹿过、松风一起知虎来、一叶易色而知天下秋的见微知著能力，对潜在的风险有科学预判，知道风险在哪里，表现形式是什么，发展趋势会怎样。领导干部需要时刻保持高度警惕，既要高度警惕"黑天鹅"事件，也要防范"灰犀牛"事件；既要有防范风险的先手，也要有应对和化解风险挑战的高招；既要打好防范和抵御风险的有准备之战，也要打好化险为夷、转危为机的战略主动战。

［ 诗词释义 ］

诗经·豳风①·鸱鸮

鸱鸮鸱鸮，既取我子，无毁我室。恩斯勤斯，鬻子之闵斯。

迨天之未阴雨，彻彼桑土，绸缪牖户。今女下民，或敢侮予？

予手拮据，予所捋荼。予所蓄租，予口卒瘏②，曰予未有室家。

予羽谯谯，予尾翛翛③，予室翘翘。风雨所漂摇，予维音哓哓④！

这是一篇寓言诗，描写一只母鸟在鸱鸮（猫头鹰）抓去其幼雏后，为防御再次被侵害，忍住悲痛，不辞劳苦修筑巢窠的情景。全诗四章，每章五句，通篇以母鸟的口吻展开。开篇就是母鸟痛斥鸱鸮的呼号：猫头鹰你这恶鸟，已经夺走我的孩子，再不能毁去我的窝巢。继而是伤心的呜咽：我含辛茹苦哺育孩子，已经操劳致病了！第二章写母鸟从丧子破巢的哀痛中毅然振作起来：我趁着天未阴雨，啄取桑根，牢牢缚紧门窗。看你们树下的人，还有谁敢欺负我！三、四章是母鸟自述辛劳：为了筑巢，爪子拘挛，喙角累病，羽毛稀落，羽尾枯槁。可见，为修筑家园，母鸟付出了巨大代价。

此诗对后世影响很大，被认为是寓言诗的源头。其中，"迨天之未阴雨，彻彼桑土，绸缪牖户"后来引申出成语"未雨绸缪"，相当于"防患于未然"，意指事先做好准备与预防工作。

注释：

①豳（bīn）：古地名，在陕西彬县、旬邑一带。　②卒：同"悴"，劳累。瘏（tú）：病。　③翛（xiāo）翛：凌乱残损的样子。　④哓（xiāo）哓：惊恐的哀叫声。

暖暖远人村，依依墟里烟。

狗吠深巷中，鸡鸣桑树颠。

随着时代发展，乡村价值要重新审视。现如今，乡村不再是单一从事农业的地方，还有重要的生态涵养功能，令人向往的休闲观光功能，独具魅力的文化体验功能。"暖暖远人村，依依墟里烟。狗吠深巷中，鸡鸣桑树颠。"乡村越来越成为人们养老养生、创新创业、生活居住的新空间。

——《在中央农村工作会议上的讲话》（2017 年12 月 28 日）

[延伸阅读]

乡村是中国人的基本生活空间，在过去，乡村生活主要是农业生产，内容较为单纯，经济水平较低，生活较为艰苦。但是随着社会的发展，现代生活节奏加快，人们对生活休闲的质量追求也越来越高。乡村生活恰好可以满足人们这方面的需求，乡村空间新的价值变得更加多元丰富。如今，赏田园风光，住特色民宿，享采摘乐趣都是吸引人们的"慢生活"；乡村的优美环境、绿水青山、良好生态成为稀缺资源，乡村的经济价值、生态价值、社会价值、文化价值日益凸显。在 2017 年的中央农村工作会议上，习近平总书记引用"暧暧远人村，依依墟里烟。狗吠深巷中，鸡鸣桑树颠"，描绘出一幅乡村生活画卷，以此重新审视乡村价值。

中华文明的根在乡村。习近平总书记强调："从中华民族伟大复兴战略全局看，民族要复兴，乡村必振兴。"经过艰苦卓绝的努力，我们打赢了脱贫攻坚战。从脱贫攻坚到全面推进乡村振兴，这是"三农"工作重心的历史性转移。党的二十大报告强调，"全面推进乡村振兴"。乡村振兴，包括产业振兴、人才振兴、文化振兴、生态振兴、组织振兴。尊重乡村发展规律，重新发现乡村价值，加快推进农业农村现代化，让农业成为有奔头的产业，让农民成为有吸引力的职业，让农村成为安居乐业的美丽家园，是新时代的新要求、新期待、新使命。

归园田居（其一）

〔晋〕陶渊明

少无适俗韵，性本爱丘山。

误落尘网中，一去三十年。

羁鸟恋旧林，池鱼思故渊。

开荒南野际，守拙归园田。

方宅十余亩，草屋八九间。

榆柳荫后檐，桃李罗堂前。

暧暧远人村，依依墟里烟。

狗吠深巷中，鸡鸣桑树颠。

户庭无尘杂，虚室有余闲。

久在樊笼里，复得返自然。

　　陶渊明被誉为"田园诗的鼻祖"。在其63年生涯里，为官13年，而这也是断断续续、时仕时隐的。41岁那年，他担任彭泽县令，仅80多天便辞职，从此彻底归隐田园，直至去世。《归园田居》组诗是他辞官归隐不久所作，此为第一首，描述了田园生活的美好，抒发了归隐后闲适的心情。

　　开篇八句点明"归园田居"的缘起。前四句指出个人天性与从仕生活道路的矛盾，诗人本来不入"俗韵"而爱"丘山"，是崇尚自然之人，但却不得不入仕，入仕更加难受，遂决意归隐。"三十年"应是"十三年"之误。这段浮沉官场的经历在他看来实为"误落尘网"。这期间，诗人有如笼中鸟之留恋"旧林"，池中鱼之思念"故渊"，渴望挣脱羁绊。如今终于回归田园生活，开荒南野，遂顺朴拙的本性，实有重获自由之感。

接下来八句描绘了"归园田居"后的生活环境。先是个人居所：十余亩田地，八九间草屋，罗植堂前屋后的榆柳、桃李，浓荫蔽檐。看那远处村落：房舍隐约可见，炊烟袅袅飘升，时而传来狗吠鸡鸣之声。一派质朴恬静而又生机勃勃的田园风光跃然纸上。"暧暧"，迷蒙不清状；"依依"，轻柔飘摇状，两组叠字营造了清淡邈远的水墨氤氲的意境。"狗吠深巷中，鸡鸣桑树颠"化用汉乐府《鸡鸣》"鸡鸣高树颠，狗吠深宫中"，为恬静的田园环境平添了生趣。"颠"，一作"巅"。

再往下两句由环境的祥和写到内心的安宁，无"尘杂"之事烦扰，有"余闲"顺应天性生活。最后，全诗以"久在樊笼里，复得返自然"点题并收束全篇，如释重负的怡然之情溢于言表。

落其实思其树，饮其流怀其源。

中国有句古语叫"落其实思其树，饮其流怀其源"。中国发展得益于国际社会，中国也为全球发展作出了贡献。中国将继续奉行互利共赢的开放战略，将自身发展机遇同世界各国分享，欢迎各国搭乘中国发展的"顺风车"。

——《共同构建人类命运共同体——在联合国
日内瓦总部的演讲》(2017 年 1 月 18 日)

[延伸阅读]

改革开放 40 多年来，中国不断扩大对外开放，不仅发展了自己，也造福了世界。习近平主席引用"落其实思其树，饮其流怀其源"这两句诗，正是为了说明，中国开放的大门只会越来越大，欢迎各国搭乘中国发展的"顺风车"，中国将致力于推进全球共同开放。

中国始终在宏阔的时空维度中思考民族复兴和人类进步的深刻命题，始终从人类发展大潮流、世界变化大格局、中国发展大历史正确认识和处理同外部世界的关系。中国人民致力于推动共同发展，从"坦赞铁路"到"一带一路"，向发展中国家提供力所能及的帮助，不断以中国发展为世界提供新机遇。在新冠肺炎疫情席卷全球的危难之际，中国积极同世界分享防控经验，向各国输送了大批抗疫物资、疫苗药品，真诚为人类彻底战胜疫情而积极努力，充分体现了一个负责任大国的天下胸怀、道义担当。

中华民族历来讲求"天下一家"，主张民胞物与、协和万邦、天下大同，憧憬"大道之行，天下为公"的美好世界。我们认为，世界各国尽管有这样那样的分歧矛盾，也免不了产生这样那样的磕磕碰碰，但世界各国人民都生活在同一片蓝天下、拥有同一个家园，应该是一家人。世界各国人民应该秉持"天下一家"理念，张开怀抱，彼此理解，求同存异，共同为构建人类命运共同体而努力。

徵调曲^①（其六）

〔南北朝〕庾信

正阳和气万类繁，君王道合天地尊。

黎人耕植于义圃，君子翱翔于礼园。

落其实者思其树，饮其流者怀其源。

咎繇为谋不仁远^②，士会为政群盗奔。

克宽则昆虫内向，彰信则殊俗宅心。

浮桥有月支抱马，上苑有乌孙学琴。

赤玉则南海输赆^③，白环则西山献琛。

无劳凿空于大夏，不待蹶角于蹄林^④。

庾信是南北朝时期著名文学家。他本是南朝梁的大臣，后奉命出使西魏，被扣留北方。他在西魏和后来的北周颇受皇帝礼遇，但他始终不忘故国，诗文中多乡关之思。《徵调曲》共有六首，皆为七言诗，这首诗是其中的第六首。"徵"为古代"五音"（宫、商、角、徵、羽）之一，"徵调曲"即以徵音为基调的乐曲。这类宫廷乐歌的内容大多是歌颂帝王功德，在这首诗中，有两句广为流传，这就是"落其实者思其树，饮其流者怀其源"。

这两句从字面上看，意思是吃到果实，便想到结果实的树；喝到河水，便想到河水的源头。这两句之所以受人喜爱，是因为其中蕴藏着丰富的情感和思想内涵。一方面，它用譬喻的手法表达了诗人对故土的思念之情，反映其不忘根本的深厚情怀；另一方面，它深刻揭示出一个普遍哲理，即万事万物都有其发端的根本和源头，切断这个根本和源头，则一切都成了无本之木、无源之水，唯有返本、感恩，万事万物才能不断发展。这两句以生动的文学语言反映了中国传统文化的价值追求，提醒人们无论何时何地，都要不忘本来、感恩源头。成语"饮水思源"即来源于此。

注释：

①徵（zhǐ）：古代五音之一。　②咎繇（Gāoyáo）：也写作"皋陶"，上古尧、舜时期主管律法的政治家。　③赆（jìn）：送别时赠送的财物。　④蹛（dài）林：古代匈奴绕林而祭之处。

新松恨不高千尺，恶竹应须斩万竿。

"新松恨不高千尺，恶竹应须斩万竿。"如果不除恶务尽，一有风吹草动就会死灰复燃、卷土重来，不仅恶化政治生态，更会严重损害党心民心。有人说，如果这一次还是出现反弹、出现回潮，那人民就失望了。所以，军令状不是随便立的，我们说到就要做到。

——《在第十八届中央纪律检查委员会第六次全体会议上的讲话》(2016 年 1 月 12 日)

[延伸阅读]

胜人者有力，自胜者强。习近平总书记在党的二十大报告中强调："经过不懈努力，党找到了自我革命这一跳出治乱兴衰历史周期率的第二个答案。"走过百年历程，从石库门到天安门，从兴业路到复兴路，从50多名党员发展到9600多万名党员，我们党之所以能保持旺盛的活力和生机，一个重要原因就是善于自我净化、自我完善、自我革新、自我提高，具有极强的纠错和修复机能。习近平总书记引用"新松恨不高千尺，恶竹应须斩万竿"这两句诗，正是要表明我们党有贪必肃、有腐必惩、除恶务尽的决心与勇气。

习近平总书记多次强调，党面临的最大风险和挑战是来自党内的腐败和不正之风。反腐败是最彻底的自我革命。党的十八大以来，我们全面从严治党，持续正风肃纪，坚持"老虎""苍蝇"一起打，探索出一条长期执政条件下解决自身问题、跳出历史周期率的成功道路，构建起一套行之有效的权力监督制度和执纪执法体系，反腐败斗争取得压倒性胜利。但我们也清醒地认识到，腐蚀和反腐蚀斗争有着严峻性、复杂性，反腐败斗争有着长期性、艰巨性，要构建一体推进不敢腐、不能腐、不想腐体制机制，切实增强防范风险意识，提高治理腐败效能，持续深化标本兼治。只有严肃查处腐败，刮骨疗毒，才能真正做到新松高百尺、恶竹尽斩除，使我们的党更加强大、使党的肌体更加健康。

[诗词释义]

将赴成都草堂，途中有作，先寄严郑公五首（其四）

〔唐〕杜甫

常苦沙崩损药栏，也从江槛落风湍[①]。

新松恨不高千尺，恶竹应须斩万竿。

生理只凭黄阁老，衰颜欲付紫金丹。

三年奔走空皮骨，信有人间行路难。

杜甫此前因成都徐知道叛乱曾离开成都草堂避难至梓州、阆州。广德二年（764 年），严郑公（指严武，被封为郑国公）再任成都尹兼剑南节度使，并写信邀杜甫返回，于是杜甫决定重返成都，途中作诗五首，此为第四首。前两联设想回成都后修补草堂的情形：自离开草堂后，时常担心沙岸崩塌、药栏损毁，连同江槛一道落入湍流。此前亲手栽种的四棵新松，恨不得它们现在已高达千尺；而那些随处乱长的恶竹，纵有万竿也必须斩除。后两联扣住"寄严郑公"的题意：生计全凭严武（以黄门侍郎镇成都，故称黄阁老）照顾，老迈之身也有丹药可依托了。回顾别后这三年，奔走他乡，无依无靠，瘦成皮包骨，尝尽人生苦，始信行路难。全诗既表达了即将重返草堂的喜悦之情，也抒发了饱经磨难后的无限感慨，可谓百感交集，意蕴深长。

颔联两句，除写松和竹之外，另有启迪人生的寓意。"恨不""应须"四字旗帜鲜明地表达了对坚毅挺拔之新松的热爱、对随乱滋生之恶竹的憎厌。对这两句，沈德潜在《唐诗别裁集》中说"言外有扶君子、抑小人意"。正因其所表现的对人事善恶的爱憎之情格外分明，所以千百年来反复被引用。

注释：

①槛（jiàn）：栏杆。

靡不有初，鲜克有终。

"靡不有初，鲜克有终。"实现中华民族伟大复兴，需要一代又一代人为之努力。中华民族创造了具有5000多年历史的灿烂文明，也一定能够创造出更加灿烂的明天。

——《在纪念中国人民抗日战争暨世界反法西斯战争胜利70周年大会上的讲话》（2015年9月3日）

[延伸阅读]

　　全面建成社会主义现代化强国、实现中华民族伟大复兴，是一项长期任务，需要一代又一代人接续奋斗。这是一个漫长的历史过程，必须要"咬定青山不放松"，风雨无阻向前进。习近平总书记在中国人民抗日战争胜利 70 周年的重要历史节点上，引用"靡不有初，鲜克有终"这句古诗，正是为了警醒我们要善作善成，永远奋斗，不能有丝毫懈怠，勉励中华儿女不断努力、接续奋斗，向着我们既定的目标继续奋勇前进。

　　站在时间的长河上回望走过的路，才能更好地展望未来要走的路。在近代以来漫长的历史进程中，中国人民经历了太多太多的磨难，付出了太多太多的牺牲，进行了太多太多的拼搏。江河之所以能冲开绝壁夺隘而出，是因其积聚了千里奔涌、万壑归流的洪荒伟力。曾经的磨难、牺牲、拼搏，汇聚成了强大的势能，推动历史的车轮滚滚向前。现在，中国人民和中华民族在历史进程中积累的强大能量已经充分爆发出来了，为实现中华民族伟大复兴提供了势不可挡的磅礴力量。今天，我们踏上全面建设社会主义现代化国家新征程，只要亿万人民万众一心、风雨无阻，一定能让中国号巨轮破浪前行，驶向更加美好的明天。

[诗词释义]

诗经·大雅·荡（节选）

荡荡上帝，下民之辟。疾威上帝，其命多辟。天生烝民，其命匪谌。靡不有初，鲜克有终。

……

这是西周时期召穆公讽喻周厉王之诗。全诗共八章，每章八句，这是第一章。这一章以两句呼告语开篇。"荡荡上帝"，骄纵又放荡的上帝啊！"荡"字为全篇纲领。"疾威上帝"，贪心又暴虐的上帝啊！"疾威"是"荡"的具体表现，以下各章围绕"疾威"二字展开。"上帝"实指君王。全篇借殷为喻，托古讽今，可谓用心良苦。

"靡不有初，鲜克有终"道出了深刻的人生哲理。"靡"，无、没有，和"不"构成双重否定；"鲜"，少；"克"，能。意谓大家做事，开端没有不好的，但很少有人能坚持到底。这句诗对后世影响很大，常用来讽喻持志不坚的人，告诫为人做事要善始善终。《资治通鉴》评价唐明皇："之始欲为治，能自刻厉节俭如此，晚节犹以奢败。甚哉！奢靡之易以溺人也。《诗》云：'靡不有初，鲜克有终。'可不慎哉！"此外，"有始有卒者，其唯圣人乎！"（《论语·子张》）"民之从事，常于几成而败之。慎终如始，则无败事。"（《老子》第六十四章）都表达了同样的观点。

思皇多士，生此王国。
王国克生，维周之桢；
济济多士，文王以宁。

　　尊重人才，是中华民族的悠久传统。"思皇多士，生此王国。王国克生，维周之桢；济济多士，文王以宁。"这是《诗经·大雅·文王》中的话，说的是周文王尊贤礼士，贤才济济，所以国势强盛。千秋基业，人才为先。实现中华民族伟大复兴，人才越多越好，本事越大越好。

　　——《在中国科学院第十七次院士大会、中国工程院第十二次院士大会上的讲话》(2014年6月9日)

[延伸阅读]

　　人才是第一资源。古往今来，人才都是富国之本、兴邦大计。把我们的各项事业发展好，就要聚天下英才而用之。在科技创新上，人才的作用尤为关键。创新的事业呼唤创新的人才。习近平总书记引用《诗经》中"思皇多士，生此王国。王国克生，维周之桢；济济多士，文王以宁"的诗句，就是为了强调"人是科技创新最关键的因素"。硬实力、软实力，归根到底要靠人才实力。全部科技史都证明，谁拥有了一流创新人才、拥有了一流科学家，谁就能在科技创新中占据优势。科技人才培育和成长有其规律，要尊重知识，尊重人才，为科技人才发展提供良好环境，在创新实践中发现人才、在创新活动中培育人才、在创新事业中凝聚人才，聚天下英才而用之，让更多千里马竞相奔腾。

　　"人材者，求之则愈出，置之则愈匮。"综合国力竞争，说到底是人才竞争，人才是衡量一个国家综合国力的重要指标。习近平总书记强调："国家发展靠人才，民族振兴靠人才。"把我国14亿多人头脑中蕴藏的智慧资源激发出来，就能为全面建设社会主义现代化国家凝聚起磅礴力量。各级党委和政府要以识才的慧眼、爱才的诚意、用才的胆识、容才的雅量、聚才的良方，把党内和党外、国内和国外各方面优秀人才集聚到党和人民的伟大奋斗中来，让我们的事业动力充沛、生机勃勃。

［诗词释义］

诗经·大雅·文王（节选）

……

世之不显，厥犹翼翼。思皇多士，生此王国。王国克生，维周之桢；济济多士，文王以宁。

……

《诗经·大雅·文王》是歌颂周王朝奠基者文王姬昌功德之诗，相传是周公所作。在《诗经》诸多歌颂文王的诗中，此诗位居首篇。全诗七章，此为第三章。

"思皇多士，生此王国。王国克生，维周之桢；济济多士，文王以宁。"大意是：众多贤良之士，在周王朝诞生。国家得以发展壮大，靠的是这些栋梁。因为众多人才汇聚于此，文王才得享天下安宁。可见，周王朝人才济济，国力因之而强盛；也说明周文王重视人才，知人善任，所以广聚贤士。《大戴礼记·文王官人篇》记载了周文王指导太师考察人品、评定才能的"六征观人法"，包括观诚、考志、视中、观色、观隐、揆德"六征"。这套鉴别人才的方法相当完备，对后世影响很大，周公、孔子、庄子、诸葛亮、曾国藩等皆有借鉴。春秋战国时期盛行养士之风，许多国君深知"得士者强，失士者亡"的道理，不能说没受到周文王人才观的影响。

云散月明谁点缀，天容海色本澄清。

我到海南去时，就对海南的同志说，青山绿水、碧海蓝天是海南最强的优势和最大的本钱，是一笔既买不来也借不到的宝贵财富，必须倍加珍爱、精心呵护。九百多年前，苏东坡被贬海南儋州时，就写下不少描绘海南风景的诗句，如"云散月明谁点缀，天容海色本澄清"、"飞泉泻万仞，舞鹤双低昂"、"丹荔破玉肤，黄柑溢芳津"，等等。

——《在中央农村工作会议上的讲话》(2013年12月23日)

[延伸阅读]

如何"望得见山，看得见水，记得住乡愁"？重要的一点，就是在农村建设中注意乡土味道，保留乡村风貌。习近平总书记在 2013 年中央农村工作会议上，引用"云散月明谁点缀，天容海色本澄清"等优美的诗句，描绘海南的秀丽自然风光，告诫各地在新农村建设中"要慎砍树、禁挖山、不填湖、少拆房"，让乡情美景与现代生活融为一体。

中国要美，农村必须美。要建设美丽乡村，必须以保护好自然生态环境为基本前提。也要看到，建设美丽乡村，并不是单纯追求田园风光之美，而是要在保护环境的前提下进一步发展生产，保证农民持续增收，过上幸福美满的生活。正如习近平总书记强调的："我们既要绿水青山，也要金山银山。宁要绿水青山，不要金山银山，而且绿水青山就是金山银山。"

全面建设社会主义现代化国家，最艰巨最繁重的任务仍然在农村。党的二十大报告提出全面推进乡村振兴的要求。习近平总书记强调，要把乡村振兴战略作为新时代"三农"工作总抓手。在我们这样一个拥有 14 亿多人口的大国，实现乡村振兴是前无古人、后无来者的伟大创举，没有现成的、可照抄照搬的经验。我国乡村振兴道路怎么走，只能靠我们自己去探索，走出一条中国特色乡村振兴之路。

六月二十日夜渡海

〔宋〕苏轼

参横斗转欲三更，苦雨终风也解晴。
云散月明谁点缀，天容海色本澄清。
空余鲁叟乘桴意，粗识轩辕奏乐声。
九死南荒吾不恨，兹游奇绝冠平生。

苏轼于元符三年（1100 年）遇赦，六月二十日离开海南岛，渡海北上之夜百感交集，遂作此诗。首联点明渡海时间和天气。"参横斗转"化用曹植的"月没参横，北斗阑干"，彼时已近三更，黑夜过去大半。此前还是风雨交加，现在终于放晴，"也解晴"表达了久雨转晴、沉冤昭雪的喜悦。颔联就"晴"字展开描写：乌云已散，明月高悬，"天容海色"澄澈清明。颈联先用孔子（"鲁叟"）所言"道不行，乘桴浮于海"的典故，暗表诗人在海南期间并未做出可自慰的"行道"之绩，为此发出"空余鲁叟乘桴意"的感慨；继而用《庄子·天运》中黄帝（"轩辕"）奏《咸池》之乐的典故，形容大海波涛之声，隐指老庄玄理，抒发诗人历尽劫难后"粗识轩辕奏乐声"的欣然。尾联表达了诗人九死一生却无悔恨，并将此看作平生最奇绝的经历，彰显了积极旷达的人生态度。

前两联虽在写眼前景，但句句蕴含象征义，如"参横斗转"

象征时局变化，"苦雨终风"象征贬谪生活。特别是"云散月明谁点缀，天容海色本澄清"看似写景，而意在抒怀，还翻用了《晋书·谢重传》中"微云点缀"的典故，意指清朗之空用不着乌云"点缀"，蔽月的乌云终会消散，海天又回归本来的明净，寓意恶势力掩盖不住诗人的高洁，可称得上兼具美感与哲思的佳句。习近平总书记以这句诗的本意，描绘海南的美景。生态文明建设，就是要让这样的美景常驻人间。

劝君莫打三春鸟，儿在巢中望母归。

我们中华文明传承五千多年，积淀了丰富的生态智慧。"天人合一"、"道法自然"的哲理思想，"劝君莫打三春鸟，儿在巢中望母归"的经典诗句，"一粥一饭，当思来处不易；半丝半缕，恒念物力维艰"的治家格言，这些质朴睿智的自然观，至今仍给人以深刻警示和启迪。

——《在十八届中央政治局第六次集体学习时的讲话》（2013年5月24日）

[延伸阅读]

　　生态文明建设是习近平总书记一直关注的重要问题。"人与自然和谐共生"，是中国式现代化的中国特色之一；"建设美丽中国"，是全面建设社会主义现代化国家的重要目标之一。

　　习近平生态文明思想具有深厚而系统的哲学基础，蕴含中国传统哲学中的生态智慧。在这次讲话中，习近平总书记引用了一系列中国古典诗文名句，用以说明"我们中华文明传承五千多年，积淀了丰富的生态智慧"，至今仍给人以深刻警示和启迪。习近平总书记还曾引用《荀子》中的话："草木荣华滋硕之时，则斧斤不入山林，不夭其生，不绝其长也。"所表达的意思与"劝君莫打三春鸟，儿在巢中望母归"等诗句也是相通的，都是在倡导把天、地、人统一起来，把自然生态同人类文明联系起来，按照大自然规律活动，取之有时，用之有度，蕴藏着我们的先人对处理人与自然关系的重要认识。"万物各得其和以生，各得其养以成。"大自然是包括人在内一切生物的摇篮，是人类赖以生存发展的基本条件。山峦层林尽染，平原蓝绿交融，城乡鸟语花香。这样的自然美景，既带给人们美的享受，也是人类走向未来的依托。大自然孕育抚养了人类，人类应该以自然为根，尊重自然、顺应自然、保护自然。2021 年 10 月，在《生物多样性公约》第十五次缔约方大会领导人峰会上，习近平主席号召国际社会"加强合作，心往一处想、劲往一处使，共建地球生命共同体"，充分体现了习近平主席大国领袖的世界视野和天下情怀，充分彰显了中国作为全球生态文明建设的参与者、贡献者、引领者的积极作为和历史担当。

[诗词释义]

鸟

〔唐〕白居易

谁道群生性命微？一般骨肉一般皮。

劝君莫打枝头鸟，子在巢中望母归。

　　这是一首劝诫诗。针对田间地头打鸟之人，希望他们能爱惜小鸟、与鸟类和谐共处。首句用反问句开篇：谁说动物的生命微不足道呢？答案不言自明且不容置疑。次句跟进说明：鸟和人一样有血有肉，鸟的生命和人的生命一样重要。这两句表达了诗人的仁爱之心以及对生命的尊重。在亮明观点后，诗人顺势发出深情的呼吁：劝你们不要打枝头上的鸟儿，因为幼鸟还在巢中盼望着母亲的归来。这种人与自然和谐共处的呼唤是中国传统文化天人合一思想的具体体现，与《论语·述而》中"钓而不纲，弋不射宿"的主张心理攸同。

　　全诗体现了白居易一贯的诗歌创作风格，不加雕饰的诗句往往寄托深刻的现实寓意。全诗宣扬了善待动物、保护环境的生态意识，特别是后两句采用拟人手法表达动物的企盼，通过"子望母归"的自然现象和情感阐发，使得这一劝诫情感更浓、寓意更深。这两句诗也因此在民间流传甚广。由于春季正是百鸟生育的季节，打死一只母鸟，就会饿死一窝雏鸟，为此民间流传的版本中也有将"枝头鸟"称为"三春鸟"、"子"称为"儿"的。

说 政 德

宜将剩勇追穷寇，不可沽名学霸王。

　　我反复强调要发扬将革命进行到底的精神，强调要发扬老一辈革命家"宜将剩勇追穷寇，不可沽名学霸王"的革命精神，发扬共产党人"为有牺牲多壮志，敢教日月换新天"的奋斗精神，这是有很深考虑的。

　　　　——《在党史学习教育动员大会上的讲话》(2021年2月20日)

[延伸阅读]

惟其艰难，方显勇毅。越是面对惊涛骇浪，越能显出斗争的壮阔、斗争的伟大。习近平总书记反复强调，要发扬斗争精神、增强斗争本领。党的二十大报告深刻总结前进道路上必须牢牢把握的重大原则，"坚持发扬斗争精神"正是其中重要内容。当前，世界百年未有之大变局加速演进，世界进入新的动荡变革期，我国发展进入战略机遇和风险挑战并存、不确定难预料因素增多的时期。所谓"行百里者半九十"，中华民族伟大复兴迎来前所未有的光明前景，我们务必不忘初心、牢记使命，务必谦虚谨慎、艰苦奋斗，务必敢于斗争、善于斗争，准备付出更为艰巨、更为艰苦的努力。

在党史学习教育动员大会上，习近平总书记以"宜将剩勇追穷寇，不可沽名学霸王"这两句诗，强调要始终保持革命者的大无畏奋斗精神，鼓起迈进新征程、奋进新时代的精气神。回顾我们党百年征程，建立中国共产党、成立中华人民共和国、实行改革开放、推进新时代中国特色社会主义事业，都是在斗争中诞生、在斗争中发展、在斗争中壮大的。肩负崇高使命，心系亿万人民，中国共产党注定要成为具备顽强斗争意志、高超斗争本领的政党。敢于斗争、敢于胜利，是党和人民不可战胜的强大精神力量。我们既要敢于斗争，也要善于斗争，要以高超的智慧一次次绝处逢生、一步步化险为夷、一次次开创新局，才能全力战胜前进道路上各种困难和挑战，依靠顽强斗争打开事业发展新天地。

[诗词释义]

七律·人民解放军占领南京

毛泽东

钟山风雨起苍黄，百万雄师过大江。

虎踞龙盘今胜昔，天翻地覆慨而慷。

宜将剩勇追穷寇，不可沽名学霸王。

天若有情天亦老，人间正道是沧桑。

这是一首庆祝南京解放的诗。1949 年 4 月 21 日，毛泽东同志和朱德同志发出《向全国进军的命令》，号令全军"坚决、彻底、干净、全部地歼灭中国境内一切敢于抵抗的国民党反动派"，解放全中国。当夜，人民解放军百万雄师强渡长江天堑，23 日晚占领南京。毛泽东同志听到消息后欢欣鼓舞，写下这首七律。

前两联描写了解放军渡江解放南京的雄壮场面，热情歌颂了这一彪炳史册的伟大胜利。"钟山"代指南京，"苍黄"兼有突然义、变色义，可谓一语双关。首句是说南京突然受到革命暴风雨的迅猛洗礼，发生改天换地的变化。"虎踞龙盘"，语出诸葛亮对南京地势的赞叹："钟山龙盘，石头虎踞，此帝王之宅。"（《太平御览》）用典紧扣南京一地。颔联"今胜昔""天翻地覆"，是指人民解放军推翻迫害人民的国民党南京政府，人民从此翻身做主人。军民都激发起慷慨奋发的欢庆之情。

　　后两联阐发了要将革命进行到底的战略思想，揭示了人类历史发展的客观规律。兵法主张"穷寇勿追"，而作者反其道提出要"追穷寇"，并以楚霸王项羽贪图虚名、放纵敌人导致惨败作为前车之鉴，号召彻底歼灭敌人，免留后患。尾联进一步从唯物史观角度总结全诗的思想。其中"天若有情天亦老"化用李贺《金铜仙人辞汉歌》的成句，表明自然法则是无情的，新事物终将取代旧事物。"人间正道是沧桑"，借沧海变桑田的典故，喻指革命性的发展变化乃天下之"正道"，换言之，推翻一个旧世界、建立一个新世界，正是社会发展的必然规律。

乱云飞渡仍从容。

年轻干部要提高政治能力。在干部干好工作所需的各种能力中，政治能力是第一位的。有了过硬的政治能力，才能做到自觉在思想上政治上行动上同党中央保持高度一致，在任何时候任何情况下都能"不畏浮云遮望眼"、"乱云飞渡仍从容"。

——《在中央党校（国家行政学院）中青年干部培训班开班式上的讲话》(2020年10月10日)

在中央党校（国家行政学院）中青年干部培训班开班式上，习近平总书记强调，干部特别是年轻干部要提高政治能力、调查研究能力、科学决策能力、改革攻坚能力、应急处突能力、群众工作能力、抓落实能力。在干部干好工作所需的各种能力中，政治能力是第一位的。年轻干部必须坚守一条，凡是有利于坚持党的领导和我国社会主义制度的事就坚定不移地做，凡是不利于坚持党的领导和我国社会主义制度的事就坚决不做！

"不畏浮云遮望眼""乱云飞渡仍从容"，这两句诗要阐明的道理是：只有不断提高政治敏锐性和政治鉴别力，才能在观察分析形势时首先把握住政治因素，才能做到眼睛亮、见事早、行动快。提高政治能力，很重要的一条就是要善于从政治上分析问题、解决问题，不断提高政治判断力、政治领悟力、政治执行力。只有从政治上分析问题才能看清本质，只有从政治上解决问题才能抓住根本。要不断提高党员领导干部把握方向、把握大势、把握全局的能力，辨别政治是非、保持政治定力、驾驭政治局面、防范政治风险的能力，加强政治能力训练和政治实践历练，把对党忠诚、为党分忧、为党尽职、为民造福作为根本政治担当，永葆共产党人政治本色。

七　绝

毛泽东

暮色苍茫看劲松，乱云飞渡仍从容。
天生一个仙人洞，无限风光在险峰。

　　这首诗是毛泽东同志 1961 年 9 月 9 日所作的题照诗。"仙人洞"在庐山佛手岩下，高约两丈，传为唐朝道士吕洞宾所居。全诗抓住"劲松"和"仙人洞"两个主要意象进行描写。前两句写"劲松"的"从容"，尽管"暮色苍茫""乱云飞渡"，环境恶劣，但它不为所动、泰然自若。后两句写"仙人洞"的"无限风光"，而这自然天成的好风光，只有登到"险峰"上才能领略。

　　诗人作诗之时，中国正面临内外交困的严峻形势。国内连续发生严重自然灾害，经济处于三年困难时期，可谓"暮色苍茫"。国际上，苏联在政治、经济和军事上对中国进行打压，各国反动势力对中国大肆攻击，正可谓"乱云飞渡"。尽管如此，毛泽东同志在诗句中仍展现了坚忍不拔的革命乐观主义精神。他像"劲松"一样临危不惧、岿然不动，以"从容"自信的心态面对困难、力争上游。诗中洋溢着要带领人民冲破黑暗、披荆斩棘、奋勇攀登"险峰"、尽览"无限风光"的革命浪漫主义豪情。

　　全诗充满象征意味，托物言志，寓理于景，借景抒情，字里行间蕴含着深刻的哲理。"乱云飞渡仍从容""无限风光在险峰"，激励人们不论遭遇什么艰难险阻，都要保持定力和信心，不懈追求，奋勇登攀，从胜利走向新的更大的胜利。

疾风知劲草，板荡识诚臣。

疾风知劲草，板荡识诚臣。能不能打好、打赢这场疫情防控的人民战争、总体战、阻击战，是对各级党组织和党员、干部的重大考验。各级党组织要认真履行领导责任，特别是抓落实的职责，把党中央各项决策部署抓实抓细抓落地，让党旗在疫情防控斗争第一线高高飘扬。

——《在统筹推进新冠肺炎疫情防控和经济社会发展工作部署会议上的讲话》(2020年2月23日)

2020 年，中国人民抗击新冠肺炎疫情的斗争，必将写入中华民族的史册。这场疫情是百年来全球发生的最严重的传染病大流行，是新中国成立以来我国遭遇的传播速度最快、感染范围最广、防控难度最大的重大突发公共卫生事件。中国人民付出巨大努力，取得抗疫斗争重大战略成果，创造了人类同疾病斗争史上又一个英勇壮举！在这场同严重疫情的殊死较量中，中国人民和中华民族以敢于斗争、敢于胜利的大无畏气概，铸就了生命至上、举国同心、舍生忘死、尊重科学、命运与共的伟大抗疫精神。

2020 年 2 月 23 日，疫情防控阻击战最为胶着之际，习近平总书记主持召开统筹推进新冠肺炎疫情防控和经济社会发展工作部署会议。在这次会议的讲话中，习近平总书记强调要加强党对统筹推进疫情防控和经济社会发展工作的领导，以"疾风知劲草，板荡识诚臣"的诗句，勉励各级党组织认真履行领导责任，让党旗在疫情防控斗争第一线高高飘扬。关键时刻冲得上去、危难关头豁得出来，才是真正的共产党人。在疫情防控中，各行各业的广大共产党员在危难时刻挺身而出、英勇奋斗，冲锋在第一线、战斗在最前沿，在大战中践行初心使命，在大考中交出合格答卷，体现了"必胜之心、责任之心、仁爱之心、谨慎之心"。

［ 诗词释义 ］

赐 萧 瑀

〔唐〕李世民

疾风知劲草，板荡识诚臣。
勇夫安知义，智者必怀仁。

　　这是李世民赐给萧瑀的一首诗。萧瑀本是隋朝大臣，在隋末战争中归唐，深得高祖李渊信任。高祖曾赞他"公之言，社稷所赖"。李世民即位后，任命萧瑀做宰相，后赠与此诗，赞颂他的忠诚与胆识。前两句赞美萧瑀是忠臣：只有经过疾风的考验，才会看出何为劲草；只有经历社会的动荡，才能辨出谁是忠臣。后两句赞颂萧瑀是智勇双全的仁义之士：徒有一时之勇的人并不懂得"义"，真正的"智者"必然心怀仁德。全诗体现了诗人识人善任的政治智慧。

　　前两句是历来传诵的名句，与鲍照《代出自蓟北门行》之"时危见臣节，世乱识忠良"意思相仿，因使用比兴手法而更加生动形象。"疾风知劲草"出自《后汉书·王霸传》，原为汉光武帝赞誉王霸之言："颍川从我者皆逝，而子独留。努力！疾风知劲草。""板荡"典出《诗经·大雅》，《板》《荡》均为讥刺周厉王无道的诗篇，后人以"板荡"代指政局败坏、天下动荡。比如黄遵宪《三哀诗》："士生板荡朝，非气莫能济。""疾风知劲草，板荡识诚臣"，如今多比喻只有经过复杂严峻的考验，才能真正看出一个人的意志和品质。

大贤秉高鉴，公烛无私光。

　　周恩来同志身后没有留下任何个人财产，连自己的骨灰也不让保留，撒进祖国的江海大地。"大贤秉高鉴，公烛无私光。"周恩来同志一生心底无私、天下为公的高尚人格，是中华民族传统美德和中国共产党人优秀品德的集中写照，永远为后世景仰。

——《在纪念周恩来同志诞辰 120 周年座谈会上的讲话》(2018 年 3 月 1 日)

[延伸阅读]

周恩来同志是近代以来中华民族的一颗璀璨巨星，是中国共产党人的一面不朽旗帜。他的崇高精神、高尚品德、伟大风范，感召和哺育着一代又一代中国共产党人。在纪念周恩来同志诞辰120周年座谈会上，习近平总书记高度评价周恩来同志是"不忘初心、坚守信仰""对党忠诚、维护大局""热爱人民、勤政为民""自我革命、永远奋斗""勇于担当、鞠躬尽瘁""严于律己、清正廉洁"的杰出楷模。他引用"大贤秉高鉴，公烛无私光"这句诗，阐述周恩来同志严于律己、艰苦朴素，只求奉献、不思回报的高尚品格。

周恩来同志身上展现出来的中国共产党人的崇高精神，是历史的，也是时代的。一个合格的共产党员，需要时刻自重自省自警自励，做到慎独慎初慎微慎友，始终不放纵、不越轨、不逾矩。所谓"莫见乎隐，莫显乎微"，要时时像照镜子一样检视自己的思想与行为。一个合格的共产党员，不仅要严私德，更要明大德、守公德。"公款姓公，一分一厘都不能乱花；公权为民，一丝一毫都不能私用"，我们的权力是党和人民赋予的，只能用来为党分忧、为国干事、为民谋利。所谓"公烛之下，不展家书"，要大公无私、公私分明、先公后私、公而忘私，只有一心为公、事事出于公心，才能坦荡做人、谨慎用权，才能光明正大、堂堂正正。

上达奚舍人

〔唐〕孟郊

北山少日月，草木苦风霜。

贫士在重坎，食梅有酸肠。

万俗皆走圆，一身犹学方。

常恐众毁至，春叶成秋黄。

大贤秉高鉴，公烛无私光。

暗室晓未及，幽行涕空行。

　　孟郊擅写五言古诗，这首五古是干谒诗。诗人借此表达了自己虽然身处困境，但是仍然坚守方正的为人处世精神，希望达奚舍人能够汲引自己。"达奚"是复姓，"舍人"是中书舍人的省称，为任职中书省的重要官员。

　　开头四句，诗人自述窘迫的生活处境。居于山北，日月照拂的机会比较少，而风霜困厄又比较多，困苦重重，犹如酸肠复食酸梅，益其辛酸。"坎"，《易经》六十四卦之一，原为坑穴之义，代表困难和险境。"重坎"即坎上加坎，喻指困苦重重，坎坷难伸。中间四句写自己的个性与内心感受。虽然困苦，但诗人仍然秉持刚毅方正的个性，不从流俗之圆滑世故。刚直之人容易被人嫉恨，所以，诗人又常常担心被世俗诋毁，像春叶之被秋霜那样变黄凋零。接下来两句是对达奚舍人的赞颂，言其人品好，识如明镜，善辨优劣，又为人公正，不徇私情。最后两句，诗人又重申孤苦境遇，犹身处暗室之待光明，踽踽独行，空洒泪水，言外之意即希望得到达奚舍人的眷顾。

　　"大贤秉高鉴，公烛无私光"，意谓贤达之人明察秋毫、严于自律，又为公忘私、毫无苟且。"鉴"，即镜子。古人常以识如明镜，形容一个人识见高超，明察秋毫，善于分辨优劣。关于"公烛无私光"，南宋周紫芝《竹坡诗话》中"公烛之下，不展家书"的故事就是范例：北宋有位官员非常清廉。一天夜里，他收到公务来信，便叫人点上蜡烛阅读。读到后面有关家中近况的内容，他便让人吹灭公家蜡烛，点上自家蜡烛，足见其公私分明，毫利不占。这两句诗后来成为告诫为官之道的警句，被广泛引用。

险夷不变应尝胆，道义争担敢息肩。

面对国家危难和人民困苦，周恩来同志决心"为了中华之崛起"而读书，誓言"险夷不变应尝胆，道义争担敢息肩"，立下"面壁十年图破壁"的远大志向。周恩来同志和他那一代杰出中国共产党人一样，深入思索，挺起脊梁，苦苦探求救国救民的真理和道路。

——《在纪念周恩来同志诞辰 120 周年座谈会上的讲话》(2018 年 3 月 1 日)

[延伸阅读]

　　"担当"，是习近平总书记论政德时的一个关键词。他曾概括自己的执政理念是：为人民服务，担当起该担当的责任。在纪念周恩来同志诞辰 120 周年座谈会上，他引用周恩来同志的这句"险夷不变应尝胆，道义争担敢息肩"，展现共产党人勇于负责、敢于担当的精神品格。一代人有一代人的"长征路"，一代人有一代人的使命担当。今天，在全面建设社会主义现代化国家新征程上，迎着中华民族伟大复兴的光明前景，广大党员干部要不惧艰险，不计私利，把使命放在心上，把责任扛在肩上。

　　责任担当是领导干部必备的基本素质，干部就要有担当，有多大担当才能干多大事业，尽多大责任才会有多大成就。如何担当？习近平总书记曾以"五个面对"定义：面对大是大非敢于亮剑，面对矛盾敢于迎难而上，面对危机敢于挺身而出，面对失误敢于承担责任，面对歪风邪气敢于坚决斗争。敢于担当，是为了党和人民事业，而不是个人风头主义，飞扬跋扈、唯我独尊并不是敢于担当。无私才能无畏，无私才敢担当。"心底无私天地宽。"担当就是责任，好干部必须有责任重于泰山的意识，坚持党的原则第一、党的事业第一、人民利益第一，敢于旗帜鲜明，敢于较真碰硬，对工作任劳任怨、尽心竭力、善始善终、善作善成。

[诗词释义]

送蓬仙兄返里有感

周恩来

相逢萍水亦前缘，负笈津门岂偶然。

扪虱倾谈惊四座，持螯下酒话当年。

险夷不变应尝胆，道义争担敢息肩。

待得归农功满日，他年预卜买邻钱。

"蓬仙兄"是周恩来在天津南开学校时的同学兼好友张蓬仙。张蓬仙离校回乡，周恩来创作了三首送别诗，这是第一首，深情回顾了二人同聚津门的往事，抒发了为理想道义互勉奋斗的宏愿以及革命胜利后再续前缘的期盼。

首联围绕"缘"字展开，回顾津门初识。"相逢萍水"，语出王勃《滕王阁序》"萍水相逢，尽是他乡之客"，比喻相逢偶然。"负笈"，背着书箱，指求学。"岂偶然"与"亦前缘"呼应，强调二人志同道合，相见如故。

"扪虱倾谈"典见《晋书·王猛传》：王猛胸怀大志，但不拘小节。东晋大司马桓温召见他，他"扪虱而言，旁若无人"。"持螯下酒"典出晋人毕卓所言"右手持酒杯，左手持蟹螯"（《晋书·毕卓传》）。额联借用晋代名士的典故，生动展现了蓬仙兄的性情豪放、谈吐不凡，可见二人意气相投、相谈甚欢。

颈联两句语意精警，是全诗的诗眼。"尝胆"即"卧薪尝胆"，典见《史记·越王勾践世家》，形容刻苦自励，"应"字亦有互勉之意；"道义争担敢息肩"，化引明代杨继盛临刑前所写、李大钊引为座右铭的"铁肩担道义"名句，表达了以救国救民为己任的崇高理想和共同追求。

尾联畅想革命成功后共聚同欢。"买邻钱"典出《南史·吕僧珍传》：宋季雅罢官后花一千一百万在吕僧珍的住所旁边买了所房子。吕嫌价格贵，宋曰："一百万买宅，千万买邻。"此典形象表达了诗人愿与好友比邻而居的深厚情谊，亦是对其品格的由衷赞赏，足见二人结缘之深。

全诗用典丰富，辞约义丰，意蕴深长。特别是颈联两句，给后人树立了立身行道的典范。

生年不满百，常怀千岁忧。

正所谓"生年不满百，常怀千岁忧"。坚定"四个自信"，最终要坚信共产主义、坚信马克思主义。我们身处社会主义初级阶段、干着中国特色社会主义事业，心要想着远大目标。党的十八大以来，我们持续开展的理想信念教育是有效管用的，要继续坚持。

——《在十九届中央纪委二次全会上的讲话》(2018年1月11日)

[延伸阅读]

习近平总书记曾把理想信念比喻为共产党人精神上的"钙"，没有理想信念，或者理想信念不坚定，精神上就会"缺钙"，就会得"软骨病"。在十九届中央纪委二次全会上，他再次谈到理想信念的问题，要求党员干部要立足当前、着眼长远，既不能空谈远大理想，也不能因为实现共产主义是一个漫长历史过程就讳言甚至丢掉远大理想。习近平总书记对"生年不满百，常怀千岁忧"这句诗反其意而用之，用以说明党员干部要深刻认识共产主义远大理想和中国特色社会主义共同理想的辩证关系，心要想着远大目标。

在庆祝中国共产党成立 100 周年大会上，习近平总书记深刻阐释了伟大建党精神，"坚持真理、坚守理想"是其重要内容。中国共产党之所以叫共产党，就是因为从成立之日起我们党就把共产主义确立为远大理想。中国共产党的理想信念，就是马克思主义真理信仰，共产主义远大理想，中国特色社会主义共同理想。马克思主义以实现共产主义为最高理想，以实现人的自由而全面发展和全人类解放为己任。实现共产主义需要一个相当漫长的历史时期，但党员干部心中要有这盏明灯。共产主义决不是"土豆烧牛肉"那么简单，不可能唾手可得、一蹴而就，但我们不能因此就认为那是虚无缥缈的海市蜃楼，就不去做一个忠诚的共产党员。作为共产党员，我们必须坚定共产主义理想，为实现这个美好理想而不懈奋斗。

古诗十九首（选一）

〔东汉〕无名氏

生年不满百，常怀千岁忧。
昼短苦夜长，何不秉烛游！
为乐当及时，何能待来兹？
愚者爱惜费，但为后世嗤。
仙人王子乔，难可与等期。

此诗位列《古诗十九首》第十五首。一般认为，《古诗十九首》创作于东汉末年，正是政治混乱、社会动荡的时期，有志之士难寻出路，精神苦闷，因而在很多诗篇中有所反映。"生年不满百"便是其中之一。

全诗前四句极言人生短暂，提出行乐主张。一、二句用"百""千"的悬殊对比，表明以"不满百"的寿命来记挂"千岁"的忧愁这一做法不可取。三、四句意谓仅仅白天游乐还不够，劝人夜晚也用来游乐。成语"秉烛夜游"即源于此。开篇四句出语不凡，将终日烦忧与纵情行乐两种截然相反的人生态度对举，获得"奇情奇想，笔势峥嵘"（方东树《昭昧詹言》评语）的艺术效果。正因人生苦短，所以中间两句直言行乐要及时，不能等待未来，点明主旨。后四句嘲讽了两类人群。一类是热衷聚财的"惜费"者，讥讽他们终日守财，汲汲无欢，反被后人嗤笑；另一类是仰慕成仙者，指出像王子乔那样修炼成仙，实非一般人所能达到的。

"生年不满百，常怀千岁忧"，在诗中之意是劝人通达世事，不必为身后之事日夜烦忧。这种游乐人生的态度是当时失意文人思想的反映。习近平总书记摒弃其消极思想，用以表达胸怀天下、放眼长远的坚定信念：人的生命虽然不满百岁，但是应该常常为千秋大业挂怀尽心。两相对比，人生观、价值观之高下可见。

砍头不要紧，只要主义真。

95 年来，共产主义远大理想激励了一代又一代共产党人英勇奋斗，成千上万的烈士为了这个理想献出了宝贵生命。"砍头不要紧，只要主义真"，"敌人只能砍下我们的头颅，决不能动摇我们的信仰"，这些视死如归、大义凛然的誓言生动表达了共产党人对远大理想的坚贞。理想之光不灭，信念之光不灭。

——《在庆祝中国共产党成立 95 周年大会上的讲话》(2016 年 7 月 1 日)

[延伸阅读]

　　理想信念动摇是最危险的动摇，理想信念滑坡是最危险的滑坡。一个政党的衰落，往往从理想信念的丧失或缺失开始。习近平总书记勉励全党，要牢记我们党从成立起就把为共产主义、社会主义而奋斗确定为自己的纲领，坚定共产主义远大理想和中国特色社会主义共同理想，不断把为崇高理想奋斗的伟大实践推向前进。他引用的"砍头不要紧，只要主义真"这句诗，体现着共产党人对理想的执着、对信仰的坚贞。

　　我们党是否坚强有力，既要看全党在理想信念上是否坚定不移，更要看每一位党员在理想信念上是否坚定不移。百年奋斗，苦难辉煌，共产主义远大理想激励了一代又一代共产党人英勇奋斗。"一个政党，如一个人一样，最宝贵的是历尽沧桑，还怀有一颗赤子之心。"理想之光不灭，信念之光不灭。今天，我们踏上全面建设社会主义现代化国家新征程，这是在新起点上的又一次出发。任重而道远，前进的路上，还须不断跨越新的"娄山关""腊子口"。只有不忘初心使命，坚定理想信念，对马克思主义真正做到"虔诚而执着、至信而深厚"，才能"练就共产党人的钢筋铁骨，铸牢坚守信仰的铜墙铁壁"，不断创造新的更大奇迹。

[诗词释义]

就 义 诗

夏明翰

砍头不要紧，只要主义真。
杀了夏明翰，还有后来人。

1928年，中共湖北省委常委夏明翰同志由于叛徒出卖不幸被捕。面对敌人的威逼利诱、严刑拷打，他始终坚如磐石、宁死不屈，"可以牺牲我的生命，决不放弃我的信仰！"恼羞成怒的敌人将其押赴刑场，在行刑前问他有无遗言，他挥笔疾书，写下这首气壮山河的就义诗，牺牲时年仅28岁。

"砍头不要紧，只要主义真"，开篇铿锵有力，充分展现了一个共产党员为追求真理奋不顾身、视死如归的英雄气概，对共产主义理想和伟大事业的拳拳忠心。"杀了夏明翰，还有后来人"，结句慷慨激昂，真切表达了一个革命者对革命必胜的坚定信念，对美好前景的殷殷期盼。他坚信革命的火种不会熄灭，自己倒下了，还会有更多人前仆后继，革命事业终将胜利，共产主义理想一定能实现。从这短短20字里，我们似乎看到诗人正气凛然的目光，那目光超越了生死，直抵理想世界的彼岸，感召着一代又一代共产党人接续奋斗。

夏明翰在被捕前曾赠予妻子一颗红珠并附诗："我赠红珠如

赠心，但愿君心似我心。善抚幼女继吾志，严峻考验不变心。"临刑前他又给妻子写信说："抛头颅、洒热血，明翰早已视等闲。'各取所需'终有日，革命事业代代传。红珠留着相思念，赤云孤苦望成全。坚持革命继吾志，誓将真理传人寰！"这些明白如话的诗句字字壮烈，它们不是一般的诗，而是用血肉凝成的诗篇。

不能胜寸心，安能胜苍穹。

全面从严治党，既要注重规范惩戒、严明纪律底线，更要引导人向善向上，发挥理想信念和道德情操引领作用。"身之主宰便是心"；"不能胜寸心，安能胜苍穹"。"本"在人心，内心净化、志向高远便力量无穷。

——《在第十八届中央纪律检查委员会第六次
全体会议上的讲话》(2016 年 1 月 12 日)

[延伸阅读]

　　"取法于上，仅得为中；取法于中，故为其下。"作为党员干部，要坚持知敬畏、存戒惧、守底线，这是基本要求。同时，党员干部更要自觉向着理想信念的高标准努力。党员干部有了坚定的理想信念，站位就高了，心胸就开阔了，就能坚持正确政治方向，做到"风雨不动安如山"，炼就"金刚不坏之身"。习近平总书记引用"不能胜寸心，安能胜苍穹"这句诗，就是为了说明内心净化、志向高远便力量无穷，强调在全面从严治党中，要坚持高标准和守底线相结合，发挥理想信念和道德情操的引领作用。

　　理想信念是共产党人的政治灵魂，是精神上的"钙"，精神上"缺钙"是一切思想滑坡的根源。对共产党人来讲，动摇了信仰，背离了党性，丢掉了宗旨，就可能在"围猎"中被人俘获。党内存在的种种问题，根本原因在于理想信念动摇、初心信仰迷失，管党治党必须从固本培元、凝神聚魂抓起。全面从严治党，制度约束是外因，思想自律是内因。无论是纪律的严格要求，还是廉洁的制度设计，或是思想的学习教育，都是来自外部的约束，最终是要唤起每个人的自觉，从"不敢""不能"变为"不想"。正如习近平总书记强调的，只有在立根固本上下功夫，才能防止歪风邪气近身附体。

自春徂秋，偶有所触，拉杂书之，漫不诠次，得十五首（其一）

〔清〕龚自珍

道力战万籁，微芒课其功。

不能胜寸心，安能胜苍穹。

相彼鸾与凤，不栖枯枝松。

天神倘下来，清明可与通。

返听如有声，消息鞭愈聋。

死我信道笃，生我行神空。

障海使西流，挥日还于东。

　　这首诗是清代思想家、诗人龚自珍写的古风组诗中的一首，长标题说明了写诗的背景和缘由，即从道光七年（1827 年）的春天到秋天，他在京城常有感触，用诗记录下来，并未按什么顺序编排，总计 15 首诗，此为第一首。

　　当时的中国正面临清王朝日薄西山、内忧外患纷至沓来的社会大变局，为此，作为改良主义运动先驱的龚自珍提出"心力"一说。"心力"即心之力，包括精神意志、智慧胆识、情感性格等，与志向和气骨亦有相通之处。他认为人才的首要素质是具有"心力"，心有力才能担当大任，"心无力者，谓之庸人"（龚自珍《壬癸之际胎观第四》），表现了诗人立志革新、振兴国家的宏伟抱负。

"不能胜寸心，安能胜苍穹"，便是"心力说"的体现，"寸心"言心之小，"苍穹"谓天之大。这两句诗的意思是，如果连自己的方寸之心都战胜不了，又怎能战胜大千世界的各种困难呢？换句话说，只有战胜自己的内心，才能够战胜外部世界。后人常用这两句诗自勉或劝勉他人，欲改变世界，先要改变自己，强调修身正心的重要性，要时刻保持内心强大和端正，这样才能获得战胜客观世界的"心力"，抵御住外界的侵犯和侵蚀，成就一番大事业。

衙斋卧听萧萧竹，疑是民间疾苦声。
些小吾曹州县吏，一枝一叶总关情。

历朝历代都高度重视县级官员选拔任用。古人早就总结出"宰相起于州部，猛将发于卒伍"这一历史现象。历史上，许多名人志士为官从政是从县一级起步的。北宋政治家王安石，二十七岁担任浙江鄞县（今宁波市鄞州区）知县，任职三年，"治绩大举，民称其德"，为以后革新变法打下了基础。清代郑板桥长期在河南范县、山东潍县担任知县，其诗句"衙斋卧听萧萧竹，疑是民间疾苦声。些小吾曹州县吏，一枝一叶总关情"千古流传。陶渊明、狄仁杰、包拯、海瑞等很多人都当过县令、知县。

——《在中央党校县委书记研修班学员座谈会上的讲话》(2015 年 1 月 12 日)

[延伸阅读]

郡县治，天下安。基层治理，在国家治理中居于重要位置。县委是我们党执政兴国的"一线指挥部"，县委书记就是"一线总指挥"。今天，县一级领导干部，往往要谋几十万、上百万人的生计，管理千头万绪的事务，连着万家灯火、万民忧乐，责任很大、任务很重。习近平总书记引用郑板桥的这首诗，正是要勉励县委书记和广大基层党员干部要深怀爱民之心、恪守为民之责，必须心系群众、为民造福。

如何做好县委书记？习近平总书记提出了明确要求：做县委书记就要做焦裕禄式的县委书记，始终做到心中有党、心中有民、心中有责、心中有戒。长期以来，习近平同志在不同领导岗位上始终强调学习和弘扬焦裕禄精神。早在 1990 年 7 月 15 日，他担任福州市委书记时，在读了《人民呼唤焦裕禄》一文后，就填写了一首《念奴娇·追思焦裕禄》：

魂飞万里，盼归来，此水此山此地。百姓谁不爱好官？把泪焦桐成雨。生也沙丘，死也沙丘，父老生死系。暮雪朝霜，毋改英雄意气！

依然月明如昔，思君夜夜，肝胆长如洗。路漫漫其修远矣，两袖清风来去。为官一任，造福一方，遂了平生意。绿我涓滴，会它千顷澄碧。

潍县署中画竹呈年伯包大中丞括

〔清〕郑燮

衙斋卧听萧萧竹，疑是民间疾苦声。

些小吾曹州县吏，一枝一叶总关情。

    清代诗人、画家郑燮（号板桥）于乾隆年间任山东潍县知县时画了一幅风竹图，他在画上题了这首诗并赠给巡抚包括。诗人出身贫寒，对下层百姓疾苦有深切体察，他的诗画创作多反映对民生的关切。他喜欢画竹，其题画诗多以咏竹为主题，这首题画诗便是托物言志、表达爱民情怀的佳作。

    开头从风竹入手，紧扣画的主题，叙述自己在衙署书房里静卧，听到窗外风吹丛竹，萧萧作响，如泣如诉。"卧听"凸显心有挂牵而不能寐，"萧萧"则给人凄清悲凉之感。第二句是诗人听到风竹声后产生的联想，"疑"字承前启后，将本来没有任何联系的风竹声与百姓的疾苦声关联起来，于是这萧萧风竹声恍惚间成了贫苦百姓的呻吟声、呜咽声、呼号声，一个忧心忡忡、勤政爱民的清官、好官形象跃然纸上。接下来诗人直陈自己官职卑微，只是普通的州县官，"些小"即微小，"吾曹"即我辈。我们虽然官职不大，却是一方百姓的"父母官"，百姓的安危冷暖我们又怎能不记挂于心呢？结句"一枝一叶总关情"语带双关，以竹的一枝一叶,暗喻百姓的一举一动,竹的枝叶需要用"情"描画,百姓的点滴也需要用"情"关注,既照应了风竹图的画意,又寄托了对百姓的真挚情感,诗人的高风亮节与风竹的清雅超拔交相辉映,令人感怀。

夙夜在公。

　　我深知，担任国家主席这一崇高职务，使命光荣，责任重大。我将忠实履行宪法赋予的职责，忠于祖国，忠于人民，恪尽职守，夙夜在公，为民服务，为国尽力，自觉接受人民监督，决不辜负各位代表和全国各族人民的信任和重托。

　　——《在第十二届全国人大一次会议闭幕会上的讲话》(2013 年 3 月 17 日)

[延伸阅读]

　　"我将无我，不负人民。我愿意做到一个'无我'的状态，为中国的发展奉献自己。"这是 2019 年 3 月 22 日习近平总书记会见意大利众议长菲科时说的一句话。"我将无我"，是为了要"不负人民"，也是因为要"不负人民"。这与习近平总书记在宣示自己为民服务、为国尽力的决心时所引用的"夙夜在公"，可谓精神相通、气质相同。党的十八大闭幕后同中外记者见面时，接受俄罗斯电视台专访时，接受金砖国家媒体联合采访时，习近平总书记都引用了"夙夜在公"一语，就是为了强调，权力就是责任，必须把干事创业放在第一位。

　　实干兴邦，空谈误国。蓝图一旦画定、任务一旦明确，就要紧抓不放、一抓到底，就要善始善终、善作善成，就一刻也不能懈怠、一刻也不能放松。只有坚持不懈做、持之以恒干，才能以小事成就大事，以实事成就实绩，把蓝图一步一步变为现实。党员干部不能只想当官不想干事，只想揽权不想担责，只想出彩不想出力。事业成功的原因很多，奋发有为是主要因素。保持食不甘味、寝不安席的紧迫感，一日不为、三日不安的事业心，拿出百倍的信心、百倍的干劲、百倍的才智，大胆探索、不断创新，才能向历史、向人民交出一份合格的答卷。

[诗词释义]

诗经·召南·采蘩

于以采蘩？于沼于沚。于以用之？公侯之事。
于以采蘩？于涧之中。于以用之？公侯之宫。
被之僮僮，夙夜在公。被之祁祁，薄言还归。

　　这是一首反映人们为祭祀而劳作的诗，主要叙写主人公频繁出没于池沼或山涧间，采集祭祀所需的白蒿，运送到公侯庙堂，直至完成祭祀的繁忙过程。关于采蘩者的身份有很多说法，现代学者多认为是供贵族役使的宫女。

　　全诗三章，每章四句。前两章以一问一答的形式，交代了"采蘩"的地点和用途，短促的答问凸显出采蘩女的步履匆匆、忙碌无暇。末章描写宫女祭祀时的仪容。据《周礼》注疏，在祭祀前三日，宫女便得夙夜留守在宫中从事供祭事务，还得精心装扮自己，戴上光洁的发饰（"僮僮"貌）。而经历了"夙夜在公"的辛勤劳作，等祭祀活动结束时，宫女早已累得发饰松散（"祁祁"貌），这才拖着疲惫的身躯回家。"薄言还归"的结句，好似宫女们无言的叹息。薄，急急忙忙。言，语助词。也有一解是连想家的话也不敢言说。

　　这首诗记录着采蘩者"夙夜在公"的艰辛。后来，"夙夜在公"演变为成语，主要指从早到晚勤于公务，形容官员勤政尽职。例如《晋书·刘毅传》："毅夙夜在公，坐而待旦。"

位卑未敢忘忧国。

苟利国家生死以，岂因祸福避趋之。

人生自古谁无死，留取丹心照汗青。

中国传统文化博大精深，学习和掌握其中的各种思想精华，对树立正确的世界观、人生观、价值观很有益处。古人所说的"先天下之忧而忧，后天下之乐而乐"的政治抱负，"位卑未敢忘忧国"、"苟利国家生死以，岂因祸福避趋之"的报国情怀，"富贵不能淫，贫贱不能移，威武不能屈"的浩然正气，"人生自古谁无死，留取丹心照汗青"、"鞠躬尽瘁，死而后已"的献身精神等，都体现了中华民族的优秀传统文化和民族精神，我们都应该继承和发扬。

——《在中央党校建校80周年庆祝大会暨2013年
春季学期开学典礼上的讲话》(2013年3月1日)

　　在这次重要讲话中，习近平总书记谈到领导干部学什么、怎么学的问题。他强调，"各种文史知识，中国优秀传统文化，领导干部也要学习，以学益智，以学修身"。他引用了大量古诗文名句，举例说明中国传统文化的思想精华。"位卑未敢忘忧国""苟利国家生死以，岂因祸福避趋之"等诗句中的报国情怀，正是一种我们要继承和发扬的中华优秀传统文化和民族精神。爱国主义是中华民族精神的核心。在中华民族几千年绵延发展的历史长河中，爱国主义始终是激昂的主旋律，始终是激励我国各族人民自强不息的强大力量。

　　树高千尺有根，水流万里有源。爱国，是人世间最深沉、最持久的情感。我们常讲，做人要有气节、要有人格。气节也好，人格也好，爱国是第一位的。习近平总书记曾说，他五六岁时，妈妈就给他讲"精忠报国、岳母刺字"的故事。他说"把字刺上去，多疼啊"，妈妈说，是疼，但心里铭记住了。对每一个中国人来说，爱国是本分，也是责任，是心之所系、情之所归。当代中国，爱国主义的本质就是坚持爱国和爱党、爱社会主义高度统一。把爱国之情、报国之志融入祖国改革发展的伟大事业之中，融入人民创造历史的伟大奋斗之中，从自己做起，从本职岗位做起，才能在时代的发展、社会的前行、国家的进步中，实现自己的人生价值。

［ 诗词释义 ］

病起书怀

〔宋〕陆游

病骨支离纱帽宽，孤臣万里客江干。

位卑未敢忘忧国，事定犹须待阖棺。

天地神灵扶庙社，京华父老望和銮。

出师一表通今古，夜半挑灯更细看。

　　陆游作此诗时已是 52 岁，被免官后移居成都，一病就是 20 多天。病愈后仍为国担忧，写了两首诗，此为第一首。

　　诗从衰病起笔，诗人病后体瘦帽宽，孤零零客居在离家遥远的成都江边，不禁慨叹一生坎坷，而今年事渐高，仍然壮志难酬，感伤与痛楚可见一斑。然而诗人并未怨艾不振，而是以国家大事为己任，即使地位卑微，却从未敢忘记忧虑国事，对前途始终饱含希望，认为事态发展要到盖棺方能论定。诗人心心念念于朝廷挥戈抗金、平定中原，祈祷天地神灵保佑国家社稷，收复河山，以慰京华父老的日夜企盼。诗以挑灯夜读《出师表》结束，表现了诗人希望效法诸葛亮北伐、渴望国家统一的耿耿忠心。

　　诗中贯穿了诗人忧国忧民的爱国情怀和百折不挠的坚强意志。特别是"位卑未敢忘忧国"一句，是全篇的诗眼和灵魂，同顾炎武的"天下兴亡，匹夫有责"意思相仿，表达了热烈深沉的爱国之心、报国之志。这一传世警句，是诗人内心的真实写照，也是对其一生的精辟概括。他用毕生的执着信念和不懈求索，诠释了"位卑未敢忘忧国"的赤子之心，成为历代爱国志士用以自警自励的千古名言。

段

政
德

赴戍登程口占示家人

〔清〕林则徐

力微任重久神疲，再竭衰庸定不支。
苟利国家生死以，岂因祸福避趋之？
谪居正是君恩厚，养拙刚于戍卒宜。
戏与山妻谈故事，试吟断送老头皮。

1841年，清政府为讨好英国，将禁烟抗英的民族英雄林则徐贬戍新疆伊犁。第二年林则徐自西安启程，行前口占此诗告别家人。

首联说自己能力低微却担当重任，早已感到精疲力竭，要是继续以衰朽之躯、平庸之才承担大任，肯定会难以支撑。这应该是安慰家人的话，也透露出疲倦消沉之意。颔联气势转为昂扬：倘若对国家有利，我可以不顾生死，岂能见祸就逃避、见福就趋附呢？可见尽管诗人蒙受冤屈，但他的忠君之心、报国之志丝毫没有消减。这两句广为传诵的诗正是林则徐一生为人的真实写照，据说也是他生前最喜爱的自况诗句，死后还被其子写入讣告之中。

颈联进一步宽慰家人，称自己被流放是君恩深厚，既然缺乏才干，还是退隐当一名戍卒更合适。尾联作了自注，借用《东坡志林》中的典故，即苏东坡被捕后给家人讲了个故事：宋真宗四处探访隐士，有人将杨朴押至其面前。真宗问是否有人作诗为他送行？杨朴说只有老妻作诗一首，曰："更休落魄耽杯酒，且莫猖狂爱咏诗。今日捉将官里去，这回断送老头皮。"真宗大笑，就放了杨朴。东坡对啼哭的妻儿说："独不能如杨处士妻，作一诗送我乎？"于是妻儿失笑，场面变得轻松。林则徐此处效仿东坡，欲以戏语冲淡离别伤悲，风趣中可见旷达，雄健中不乏温情，亦展现了一种大无畏的精神。

过零丁洋

〔宋〕文天祥

辛苦遭逢起一经，干戈寥落四周星。
山河破碎风飘絮，身世浮沉雨打萍。
惶恐滩头说惶恐，零丁洋里叹零丁。
人生自古谁无死？留取丹心照汗青。

这首诗是文天祥被元军俘获的第二年过零丁洋时所作。当时元军主帅逼他写信招降固守崖山的南宋君臣，文天祥以此诗来明志。

诗的开头自叙生平。早年由科举入仕，历尽千辛万苦。后来朝廷危难之际下诏征兵，他高举义旗"勤王"，而天下响应者甚寡，从起兵到被俘的四年间，可谓"干戈寥落"。

颔联用衰败之景比喻亡国孤臣的凄凉际遇。"山河"指国家，恭帝被俘，拥立的端宗吓死，复立的卫王四处流亡，国家破碎如同风中败絮；"身世"是说自己的命运，出生入死，家破人亡，如同雨中浮萍，沉浮不定。此联以哀景写哀事哀情，益见其哀，令人怆然。

颈联先是追述昔日兵败元军后，曾从惶恐滩（黄公滩）撤退，生怕不能完成复国大任而诚惶诚恐；接着回到眼前，如今沦为阶下囚，被押送经过零丁洋（伶仃洋），感叹从此孤苦伶仃。两个地名均含表心理状态的形容词，对仗工整，又恰好与诗人当时的心境相合，一语双关，堪称绝"对"！

以上三联将家国之痛的悲情抒发到极致，而尾联却笔势一扬，写出气贯长虹的壮烈誓词：古往今来，人总有一死，为国尽忠而死，虽死犹可光照史册！这是诗人面对生死考验作出的毅然选择，表现了慷慨激昂的爱国精神和为国赴死的民族气节，这一舍生取义的人生观正是中华民族传统美德的崇高表现。其后，文天祥宁死不屈，英勇赴义！他用鲜血和生命谱写的诗句成为永垂不朽的壮歌。

历览前贤国与家，成由勤俭破由奢。

抓改进工作作风，各项工作都很重要，但最根本的是要坚持和发扬艰苦奋斗精神。唐代诗人李商隐在《咏史》一诗中写道："历览前贤国与家，成由勤俭破由奢。"能不能坚守艰苦奋斗精神，是关系党和人民事业兴衰成败的大事。

——《在第十八届中央纪律检查委员会第二次全体会议上的讲话》（2013 年 1 月 22 日）

纵览历史，从"六王毕，四海一，蜀山兀，阿房出"到"戍卒叫，函谷举，楚人一炬，可怜焦土"，秦朝二世而没的教训引人深思；从"骊宫高处入青云，仙乐风飘处处闻"到"渔阳鼙鼓动地来，惊破霓裳羽衣曲"，唐代由盛而衰的转折令人嗟叹。习近平总书记引用"历览前贤国与家，成由勤俭破由奢"这两句诗，充分说明了要坚持和发扬艰苦奋斗的精神，这是关系党和人民事业兴衰成败的大事。

"奢靡之始，危亡之渐。"没有什么比奢靡之风更能让党与群众疏远开来。在"四风"中，奢靡之风实质是剥削阶级思想和腐朽生活方式的反映，根源是思想堕落、物欲膨胀。奢靡之风的盛行，不仅腐蚀干部、损害形象，也危害公信、败坏风气；不仅弱化了党自身的凝聚力，也消解着社会的精气神。习近平总书记严肃告诫，狠刹挥霍享乐和骄奢淫逸的不良风气，教育引导党员、干部坚守节约光荣、浪费可耻的思想观念，做到艰苦朴素、精打细算，勤俭办一切事情。崇尚节约，艰苦朴素，才能抵挡物欲横流，才能练就百毒不侵，才能树立端方形象，才能吸引万众归心。各级党员干部理应争当清廉的楷模、节约的表率、勤俭的标兵，身先士卒，身体力行，从根本上消除奢靡之风的思想土壤，打掉横亘在党与群众之间的无形之墙。

［诗词释义］

咏史二首（其二）

〔唐〕李商隐

历览前贤国与家，成由勤俭破由奢。
何须琥珀方为枕，岂得真珠始是车。
运去不逢青海马，力穷难拔蜀山蛇。
几人曾预南薰曲，终古苍梧哭翠华。

在李商隐流传于世的 600 余首诗歌中，咏史诗就有 100 多首。他的咏史诗以深刻犀利著称，这首咏史诗便是其中一例。诗人作此诗有伤悼唐文宗之意。唐文宗即位后励精图治，去奢从俭，曾两次谋诛弄权干政的宦官，但均告失败。

诗一开头就发出"历览前贤国与家，成由勤俭破由奢"的千古之叹。纵览前贤治国理家的历史，可以得出经验教训：国与家的兴盛源于勤俭，衰败则起于奢华。颔联承上，暗指文宗就是这样勤俭清明的皇帝，枕不用琥珀、车不用珍珠，绝不像前两朝国君那样贪图享受。但这样的好皇帝为何还是失败了呢？颈联指出，由于前朝奢靡危害深重，导致唐朝的大势已去，国力衰微，栋梁难寻，奸臣难除，亡国之厄运在所难逃。"青海马""蜀山蛇"分别喻指良才、佞臣。这两句间接印证了"成由勤俭破由奢"的规律。尾联一个"哭"字道出无限感伤。"南薰曲"指相传舜所作《南风歌》,传说唱之天下太平。"苍梧"是舜驾崩之地,"翠华"(皇帝仪仗)代指天子。眼下已听不到太平歌,耳边空余哀恸之声,这"哭"里有对文宗的哀悼,有对国之将倾的哀叹,也有对自己报国无门的哀鸣。

论 修 养

人生万事须自为，跬步江山即寥廓。

　　"人生万事须自为，跬步江山即寥廓。"追求进步，是青年最宝贵的特质，也是党和人民最殷切的希望。新时代的广大共青团员，要做理想远大、信念坚定的模范，带头学习马克思主义理论，树立共产主义远大理想和中国特色社会主义共同理想，自觉践行社会主义核心价值观，大力弘扬爱国主义精神；要做刻苦学习、锐意创新的模范，带头立足岗位、苦练本领、创先争优，努力成为行业骨干、青年先锋；要做敢于斗争、善于斗争的模范，带头迎难而上、攻坚克难，做到不信邪、不怕鬼、骨头硬；要做艰苦奋斗、无私奉献的模范，带头站稳人民立场，脚踏实地、求真务实，吃苦在前、享受在后，甘于做一颗永不生锈的螺丝钉；要做崇德向善、严守纪律的模范，带头明大德、守公德、严私德，严格遵纪守法，严格履行团员义务。

　　——《在庆祝中国共产主义青年团成立100周年大会上的讲话》（2022年5月10日）

青春孕育无限希望，青年创造美好明天。一个民族只有寄望青春、永葆青春，才能兴旺发达。在中国共产主义青年团成立100周年大会上，习近平总书记引用"人生万事须自为，跬步江山即寥廓"，勉励新时代的广大共青团员追求进步、争做模范。新时代的中国青年，生逢其时、重任在肩，施展才干的舞台无比广阔，实现梦想的前景无比光明，更需要有理想、敢担当、能吃苦、肯奋斗，用青春的能动力和创造力激荡起民族复兴的澎湃春潮，用青春的智慧和汗水打拼出一个更加美好的中国。

正如"人生万事须自为，跬步江山即寥廓"这两句诗所揭示的，追求进步，需要脚踏实地、扎实笃行，积跬步而至千里。任何美好的理想，都不是轻轻松松就能实现的，都需要经过不懈努力。自强不息、艰苦奋斗，仍然是当代青年成长成才的必由之路。"圣人是肯做工夫的庸人，庸人是不肯做工夫的圣人。"青年有着大好机遇，关键是要迈稳步子、夯实根基、久久为功。心浮气躁，朝三暮四，学一门丢一门，干一行弃一行，无论为学还是创业，都是最忌讳的。"天下难事，必作于易；天下大事，必作于细。"成功的背后，永远是艰辛努力。把小事当作大事干，一步一个脚印往前走，坚忍不拔、百折不挠，成功就一定在前方等着我们。

[诗词释义]

王氏能远楼

〔元〕范梈

游莫羡天池鹏，归莫问辽东鹤。

人生万事须自为，跬步江山即寥廓。

请君得酒勿少留，为我痛酌王家能远之高楼。

醉捧勾吴匣中剑，斫断千秋万古愁。

沧溟朝旭射燕甸，桑枝正搭虚窗面。

昆仑池上碧桃花，舞尽东风千万片。

千万片，落谁家？愿倾海水溢流霞。

寄谢尊前望乡客，底须惆怅惜天涯。

"元诗四大家"之一范梈（pēng）擅长歌行古体诗，这首诗便是他的一首代表作。诗人大概是在王氏能远楼畅饮后乘兴而作此诗，尽情抒发了平生感悟和逸志豪情。全诗共十六句，每四句一意一韵，气象宏阔，纵横捭阖，颇有李白歌行古诗的神韵。

开篇四句是第一层，起笔天外，让人不要羡慕"天池鹏""辽东鹤"这些遨游时空的神鸟，人生万事都需要自己去做，哪怕每次只能迈出半步，日积月累也能看见广阔的世界。第二层回到眼前，劝人有酒即饮，不要被愁思羁绊，意气雄豪。"勾吴匣中剑"，即以锋利著称于世的名剑干将、莫邪。以醉剑斩断愁思，当是李白"抽刀断水水更流，举杯消愁愁更愁"诗句的化用。第三层由高楼联想神话，先写海上旭日东升，照得窗棂生辉；接着写到昆仑池边万千桃花，被东风吹得落英缤纷。设想奇诡，景象瑰丽。最后一层紧承上文，上来就发问：那飘落的万千桃花，又有哪一片落入了凡尘呢？由眼前景到胸中意，诗人于酒酣耳热之际，祈愿海水都化为美酒，饮之不尽。"流霞"，传说是仙人的饮品，此指酒。"底须"，即何须。最后两句劝慰眼前的思乡之人调整心态，抛开惆怅，以乐观、旷达的态度对待生活、追寻理想。

"人生万事须自为，跬步江山即寥廓"很富哲理。"跬步"出自荀子《劝学》"不积跬步，无以至千里"，在此并非仅限于用脚步丈量，"自为"也并非拘泥于一事，这里侧重的是精神的进取和自足，倡导独立自强、笃行不怠、胸怀天下的积极的人生态度和精神追求，境界更高，格局更大。

横眉冷对千夫指，俯首甘为孺子牛。

　　广大文艺工作者要讲品位、讲格调、讲责任，自觉遵守法律、遵循公序良俗，自觉抵制拜金主义、享乐主义、极端个人主义，堂堂正正做人、清清白白做事。要有"横眉冷对千夫指，俯首甘为孺子牛"的精神，歌颂真善美、针砭假恶丑。对正能量要敢写敢歌，理直气壮，正大光明。对丑恶事要敢怒敢批，大义凛然，威武不屈。要弘扬行风艺德，树立文艺界良好社会形象，营造自尊自爱、互学互鉴、天朗气清的行业风气。

　　——《在中国文联十一大、中国作协十大开幕式上的讲话》(2021 年 12 月 14 日)

［延伸阅读］

习近平总书记曾两次引用鲁迅的"横眉冷对千夫指，俯首甘为孺子牛"，对广大文艺工作者提出要求。在中国文联十一大、中国作协十大开幕式上，他引用这两句诗，强调文艺工作者要"歌颂真善美、针砭假恶丑"，对正能量要敢写敢歌，对丑恶事要敢怒敢批；在文艺工作座谈会上，他引用这两句诗，强调文艺工作者要自觉与人民同呼吸、共命运、心连心。

对于文艺工作者而言，"横眉冷对千夫指"，就是要敢于斗争，要有"铁肩担道义"的社会责任感，对于那些"不讲对错，不问是非，不知美丑，不辨香臭"的现象，要敢于拿起手中的笔，鼓励人们用光明驱散黑暗、用美善战胜丑恶。"俯首甘为孺子牛"，就是要欢乐着人民的欢乐、忧患着人民的忧患，深入人民群众、了解人民的辛勤劳动、感知人民的喜怒哀乐，把自己的思想倾向和情感同人民融为一体，把心、情、思沉到人民之中，同人民一道感受时代的脉搏、生命的光彩，为时代和人民放歌。说到底，就是文艺工作要坚守人民立场，坚持以人民为中心的创作导向，把人民放在心中最高位置，把人民满意不满意作为检验艺术的最高标准，创作更多满足人民文化需求和增强人民精神力量的优秀作品，让文艺的百花园永远为人民绽放。

［诗词释义］

自 嘲

鲁 迅

运交华盖欲何求，未敢翻身已碰头。
破帽遮颜过闹市，漏船载酒泛中流。
横眉冷对千夫指，俯首甘为孺子牛。
躲进小楼成一统，管他冬夏与春秋。

鲁迅于1932年写下这首诗，以诙谐、犀利的语言，刻画了自己饱受压迫、四面碰壁的困苦处境，抒发了对时局的愤慨和憎恶之情，表现了不屈不挠的斗争精神。虽曰"自嘲"，实则是对当权者的嘲讽和抨击。

前两联叙述诗人的险恶境遇。首联直言自己交了厄运，处处碰头。"华盖"是星座名，旧时认为命犯华盖就会倒霉。颔联形象地描绘了处境之狼狈难堪，诗人好比破帽遮脸穿过闹市，漏船载酒泛于水中，欲自顾而不能。

后两联表明诗人的坚定信念。颈联是全诗高潮，抒发了诗人对敌人横眉冷对、对百姓俯首听命的人民立场，恨与爱、铁骨与柔肠的对比鲜明而炽烈。尾联表达了不管环境如何变化，都要与敌人抗争到底的决心，"成一统"是说诗人躲进小楼用笔作战、自成世界，也有认为是讽刺国民政府对侵略者一味躲避，一语双关。

　　"横眉冷对千夫指，俯首甘为孺子牛"这两句诗广为传诵。"千夫指"语出《汉书·王嘉传》"千人所指"，指众人谴责的敌人，也有说指众多敌人的攻击。"孺子牛"典出《左传·哀公六年》，春秋时齐景公叼着绳子当牛，让爱子牵着走。这里比喻甘愿俯下身为百姓服务。毛泽东《在延安文艺座谈会上的讲话》阐释了其中要义："千夫"是说敌人，对于无论什么凶恶的敌人决不屈服；"孺子"指无产阶级人民大众，要做无产阶级和人民大众的"牛"，鞠躬尽瘁，死而后已。

人生天地间，长路有险夷。

"人生天地间，长路有险夷。"世界上没有哪个党像我们这样，遭遇过如此多的艰难险阻，经历过如此多的生死考验，付出过如此多的惨烈牺牲。一百年来，在应对各种困难挑战中，我们党锤炼了不畏强敌、不惧风险、敢于斗争、勇于胜利的风骨和品质。这是我们党最鲜明的特质和特点。

——《在党史学习教育动员大会上的讲话》（2021年2月20日）

[延伸阅读]

"伟大的事业之所以伟大，不仅因为这种事业是正义的、宏大的，而且因为这种事业不是一帆风顺的。"中国共产党立志于中华民族千秋伟业，征途注定风雨兼程。革命、建设、改革，救国、兴国、强国。几多跌宕起伏、几多惊涛骇浪，一片丹心系家国、甘将热血沃中华，我们党在非凡征途之中铸就伟大精神，绘就中华民族伟大精神的百年长卷。在党史学习教育动员大会上，习近平总书记以"人生天地间，长路有险夷"这两句诗，高度概括了我们党充满考验和斗争的百年非凡历程，勉励全党上下通过党史学习教育，进一步发扬革命精神，始终保持勇毅前行的昂扬斗志。

在庆祝中国共产党成立100周年大会上，习近平总书记以"坚持真理、坚守理想，践行初心、担当使命，不怕牺牲、英勇斗争，对党忠诚、不负人民"，总结了伟大建党精神。一百年来，中国共产党弘扬伟大建党精神，在长期奋斗中构建起中国共产党人的精神谱系。从井冈山精神、长征精神，到抗美援朝精神、"两弹一星"精神，再到脱贫攻坚精神、抗疫精神，这些伟大精神，正是我们党历经百年而风华正茂、饱经磨难而生生不息的精神密码。赓续共产党人精神血脉，始终保持革命者的大无畏奋斗精神，鼓起迈进新征程、奋进新时代的精气神，我们才能在具有许多新的历史特点的伟大斗争中，不断创造新的奇迹、书写新的辉煌。

[诗词释义]

临汾李氏任运堂二首（其一）

〔金〕元好问

……

人生天地间，长路有险夷。

遇险即欲避，安得皆通达？

……

　　这是元好问写给朋友李彦仁的劝慰诗。李彦仁遭遇挫折，有畏难情绪，向他求教，元好问以诗作答。这里四句写道，人生在世，所走的路既有坦途也有险滩，如果遇到困难就逃避，那还有哪条路能走得通呢？以此勉励李彦仁要有迎难而上的勇气。

　　元好问在金、元时期被尊为"北方文雄"，在文学、史学等方面都有杰出成就。他的一句"为官避事平生耻"广为人知，成为许多从政之人的座右铭。元好问一生坎坷，科场和仕途几度受挫，饱尝战乱、亡国与囚禁的苦痛。但他常葆达观之心，不失进取之志，涵养操守，潜心著述。他强调"气"的重要性，认为有浩然之气，则可看淡荣辱、砥砺前行。由此看来，这首诗虽是劝解李氏，同时也是作者人生态度的写照，从中可见诗人宏阔的胸襟气度。

　　"人生天地间，长路有险夷"，这两句诗体现了中华民族不惧艰险、不屈不挠的艰苦奋斗精神。"天行健，君子以自强不息"，中国人自古就倡导这一精神。"好事尽从难处得，少年无向易中轻"（李咸用《送谭孝廉赴举》），"进则万景昼，退则群物阴"（孟郊《大隐坊·章仇将军良弃功守贫》），反映的都是这种迎难而上的进取精神。青年周恩来也抒发过"险夷不变应尝胆，道义争担敢息肩"（《送蓬仙兄返里有感》）的奋斗精神。有了这样的精神支柱，无论遇到怎样的艰难险阻，我们都能走过崎岖，走向通途。

一语不能践，万卷徒空虚。

"一语不能践，万卷徒空虚。"要教育引导广大党员干部了解民情、掌握实情，搞清楚问题是什么、症结在哪里，拿出破解难题的实招、硬招。调查研究要注重实效，使调研的过程成为加深对党的创新理论领悟的过程，成为保持同人民群众血肉联系的过程，成为推动事业发展的过程。要防止为调研而调研，防止搞"出发一车子、开会一屋子、发言念稿子"式的调研，防止扎堆调研、"作秀式"调研。

——《在"不忘初心、牢记使命"主题教育工作会议上的讲话》(2019 年 5 月 31 日)

[延伸阅读]

没有调查，就没有发言权，更没有决策权。习近平总书记非常重视调查研究，提出"要在全党大兴调查研究之风"。研究、思考、确定全面深化改革的思路和重大举措，刻舟求剑不行，闭门造车不行，异想天开更不行，只有在全面掌握情况的基础上，认识问题、分析问题，才能更好地解决问题，这就必须进行全面深入的调查研究。在"不忘初心、牢记使命"主题教育工作会议上，习近平总书记引用"一语不能践，万卷徒空虚"这两句诗，告诫全党上下要了解民情、掌握实情，"为民服务解难题"。

对调查研究的强调，体现着共产党人的实践品格。马克思说，"全部社会生活在本质上是实践的"，"哲学家们只是用不同的方式解释世界，问题在于改变世界"。实践的观点、生活的观点是马克思主义认识论的基本观点，实践性是马克思主义理论区别于其他理论的显著特征。习近平新时代中国特色社会主义思想，是当代中国马克思主义、二十一世纪马克思主义。学懂弄通做实习近平新时代中国特色社会主义思想，贵在联系实际、解决问题，真正用以指导实践、推动工作。联系时代问题，填补"新办法不会用，老办法不管用，硬办法不敢用，软办法不顶用"的本领赤字，目光四射地干中学、学中干，到改革发展的大海中去挑战"暗礁""旋涡"，才能真正达到习近平总书记关于"识水性"的要求，真正把党的创新理论贯穿于每时每事，体现在方方面面。

[诗词释义]

饮 酒

〔明〕林鸿

儒生好奇古，出口谈唐虞。

倘生羲皇前，所谈乃何如。

古人既已死，古道存遗书。

一语不能践，万卷徒空虚。

我愿但饮酒，不复知其余。

君看醉乡人，乃在天地初。

　　这首诗是针对当时知识分子阶层复古思潮盛行现象而作的。许多"儒生"对现实不满，于是"好奇古""谈唐虞"，以此间接地抨击社会、宣泄怨气。诗人不提倡这种只会空谈却不去实践的做法。

　　"一语不能践，万卷徒空虚"，原意是说，儒生们虽熟读古书，满腹经纶，出口成章，但他们却连一句话也不能付诸实践，所以纵然读万卷诗书也只是枉然。"一语"与"万卷"的鲜明对比，有力地批判了那些只说不做、学用脱离、纸上谈兵的"清谈客"。这两句诗虽然是针对徒事空谈而不尚行动的儒生而发，但同时也深刻揭示了理论与实践、知与行的辩证关系，具有普遍的警策意义。

在中国古代文化典籍中，不乏涉及知行关系的论述。比如"非知之艰，行之惟艰"（《尚书》），"知之而不行，虽敦必困"（《荀子》），"无财谓之贫，学而不能行谓之病"（《庄子》），"学者贵于行之，而不贵于知之"（司马光《答孔司户文仲书》），"纸上得来终觉浅，绝知此事要躬行"（陆游《冬夜读书示子聿》），等等。宋明理学家进一步对知行关系做了哲学化的系统阐释。从程颐的"须以知为本。知之深，则行之必至"（《二程遗书》），到朱熹的"论先后，当以致知为先；论轻重，当以力行为重"（《朱子语类》），再到王守仁的"知者行之始，行者知之成"（《传习录》），最终形成"知行合一"的哲学思想。"知行合一"凝结着中国文化的优秀精神追求，也是中国共产党人的宝贵政治品格。"要做起而行之的行动者、不做坐而论道的清谈客"，便是对这两句诗的时代诠释。

青春虚度无所成，白首衔悲亦何及。

青年是苦练本领、增长才干的黄金时期。"青春虚度无所成，白首衔悲亦何及。"当今时代，知识更新不断加快，社会分工日益细化，新技术新模式新业态层出不穷。这既为青年施展才华、竞展风采提供了广阔舞台，也对青年能力素质提出了新的更高要求。

——《在纪念五四运动 100 周年大会上的讲话》

（2019 年 4 月 30 日）

[延伸阅读]

青年是祖国的未来、民族的希望。2014 年五四青年节，习近平总书记曾寄语青年：现在在高校学习的大学生都是 20 岁左右，到全面建成小康社会时，很多人还不到 30 岁；到本世纪中叶时，很多人还不到 60 岁。也就是说，千千万万青年将全过程参与，实现全面建成社会主义现代化强国的第二个百年目标。这是青年成长成才的大舞台，也是青年们实现人生价值的大时代。在纪念五四运动 100 周年大会上，习近平总书记以"青春虚度无所成，白首衔悲亦何及"这两句诗，勉励新时代中国青年要珍惜美好时光，及时努力学习，练就过硬本领。

当今时代，知识更新周期大大缩短，各种新知识、新情况、新事物层出不穷。有人研究过，近 50 年来，人类社会创造的知识比过去 3000 年的总和还要多。还有人说，在农耕时代，一个人读几年书，就可以用一辈子；在工业经济时代，一个人读十几年书，才够用一辈子；到了知识经济时代，一个人必须学习一辈子，才能跟上时代前进的脚步。不论是成就自己的人生理想，还是担当时代的神圣使命，青年都要珍惜韶华、不负青春，努力学习掌握科学知识，提高内在素质，锤炼过硬本领，使自己的思维视野、思想观念、认识水平跟上越来越快的时代发展。

[诗词释义]

放歌行（节选）

〔唐〕权德舆

夕阳不驻东流急，荣名贵在当年立。
青春虚度无所成，白首衔悲亦何及。
拂衣西笑出东山，君臣道合俄顷间。
……

这两句诗出自唐代权德舆的《放歌行》。意思是说，年少时虚度芳华、一事无成，等到年迈时，就只能徒自嗟叹、抱憾余生了。此二句以直抒胸臆的笔触和反问的语意，劝诫人们要珍惜青春好时光，积极追求功业，免得老大无成，追悔莫及。

权德舆从小聪颖勤奋，一生笔耕不辍。他幼年时便能作诗，少年时已颇有文名，后来成为中唐时期著名文学家，曾官拜宰相。应该说，诗人自己的人生便是不负韶华，无愧青春，少年有成的典范。

古诗词中含有大量勉励青年人惜时、勤学、建功立业的诗篇。比如"少壮不努力，老大徒伤悲"（汉乐府《长歌行》）、"劝君莫惜金缕衣，劝君惜取少年时"（杜秋娘《金缕衣》）、"及时当勉励，岁月不待人"（陶渊明《杂诗》"人生无根蒂"）、"青春须早为，岂能长少年"（孟郊《劝学》）等脍炙人口的诗句，均与此二句诗意旨相同。

青春当有成，白首莫衔悲。唯有只争朝夕、积极作为，才能有所建树。这样，待到年老之时，我们就能像《钢铁是怎样炼成的》主人公保尔·柯察金所说的那样，"不会因为虚度年华而悔恨，也不会因为碌碌无为而羞耻"。

人才自古要养成，放使干霄战风雨。

　　陆游有一句诗写道："人才自古要养成，放使干霄战风雨。"现在，我们一些干部最缺的是实践经验，特别是缺少在重大斗争中经风雨、见世面的经历。不少干部工作很勤奋，对自己要求也严格，但一到大风大浪来了就没主见了，总希望一切都太太平平的，工作思路也就是这个思路，求稳心态有余，斗争精神不足。

　　——《在十九届中央政治局第十次集体学习时的讲话》(2018 年 11 月 26 日)

[延伸阅读]

　　"略裕于学，胆经于阵。"一个人的成长，离不开严格的思想淬炼、政治历练、实践锻炼，需要在复杂严峻的斗争中经风雨、见世面、壮筋骨。习近平总书记以陆游的"人才自古要养成，放使干霄战风雨"，说明培养干部，要让他们在大风大浪中去摔打，多捧"烫手山芋"，当几回"热锅上的蚂蚁"，才能在磨砺中成长，在斗争中成才。

　　今天的年轻干部，很多都是"三门"干部：从"家门"到"校门"再进"机关门"。唯其如此，更需要读好"无字书"、进好"百家门"、行好"万里路"，才能学到活知识，练就真本领。正如习近平总书记所说，"干部多'墩墩苗'没有什么坏处，把基础搞扎实了，后面的路才能走得更稳更远"。另一方面，国内外形势发生巨大变化，我们面临的各种斗争不是短期的而是长期的，至少要伴随我们实现第二个百年奋斗目标全过程。在前进道路上，我们面临的风险考验只会越来越复杂，甚至会遇到难以想象的惊涛骇浪。要多选一些在重大斗争中经过磨砺的干部，这对优化干部队伍结构、提高科学决策水平和政策执行力大有好处。要加大遴选有这种经历干部的力度，同时要让没有实践经历的干部到重大斗争中去经受锻炼，在克难攻坚中增长胆识和才干。

[诗词释义]

苦 笋

〔宋〕陆游

藜藿盘中忽眼明，骈头脱襁白玉婴。

极知耿介种性别，苦节乃与生俱生。

我见魏徵殊媚妩，约束儿童勿多取。

人才自古要养成，放使干霄战风雨。

"人才自古要养成，放使干霄战风雨"这两句诗出自南宋陆游的《苦笋》。这首诗的大意是说，诗人在粗粮野菜中突然看到竹笋，好像脱去襁褓的白玉般的婴儿，不觉眼前一亮。竹笋初生即有节、味苦涩，故其"苦节"与生俱来。它让诗人不禁想到以"犯颜直谏"著称的唐朝名相魏徵，其刚直不阿常令人难以接受，但是唐太宗格外器重他，委之以大任。诗人看到苦笋正如唐太宗看到魏徵一样，不嫌其苦，反觉其可亲可爱。诗人劝儿童不要多拔苦笋，而要任由它们生长。诗的末尾以议论作结，一语点明主旨：人才自古都是培养而成的，要给他们做事的舞台，放手让其直冲云霄，经历风雨磨砺，方能长成大才。全诗将竹笋人格化，象征天生具有高洁、耿介精神品格的人才。

陆游是我国文学史上著名的爱国主义诗人，其毕生理想是北伐抗金、收复中原。然而他一生受尽打压，几度沉浮，所以他对于"人才自古要养成"的感受十分深刻。诗人写这首诗时刚刚从抗金前线返回。金戈铁马的艰苦生活让其雄心更壮、斗志更坚，唱出"从军乐事世间无"（《独酌有怀南郑》）、"战场横尸胜床笫"（《前有樽酒行》其二）等豪语。"放使干霄战风雨"正是诗人叱咤沙场、战风斗雨的真实写照。

白日不到处，青春恰自来。

苔花如米小，也学牡丹开。

要尊重学生、理解学生、信任学生、激励学生，公平公正对待学生，相信每一个学生都是可塑之才，善于发现每一个学生的闪光点和特长。特别是要关心关爱留守儿童、城乡困境儿童、残疾儿童和学习成长相对落后的学生。清代诗人袁枚有一首诗写得很感人："白日不到处，青春恰自来。苔花如米小，也学牡丹开。"教育的目光不能总是盯着花园里耀眼的牡丹花，而要更多投向墙角处不起眼的苔花。

——《培养德智体美劳全面发展的社会主义建设者和接班人——在全国教育大会上的讲话》

(2018 年 9 月 10 日)

[延伸阅读]

　　尊重、理解、宽容，是教师应当具有的品格，也是一种伟大的教育力量。古人说，"学而不厌、诲人不倦"，有教无类，因材施教，这是对教育的期许，也是对教师的要求。从受教育者的角度来看，受到尊重、得到理解、得到宽容，是每一个人在人生各阶段都不可缺少的心理需要，儿童和青少年更是如此。在全国教育大会上，习近平总书记引用《苔》这首诗，正是为了强调，好老师要平等对待每一个学生，尊重学生的个性，理解学生的情感，包容学生的缺点和不足，善于发现每一个学生的长处和闪光点。

　　学生培养得怎么样，要看拿什么样的尺子去衡量，以什么样的眼光去发现。世界上没有两片完全相同的树叶，老师面对的是一个个性格爱好、脾气秉性、兴趣特长、家庭情况、学习状况不一的学生，必须精心加以引导和培育，不能因为有的学生不讨自己喜欢、不对自己胃口就冷淡、排斥，更不能把学生分为三六九等。对所谓的"差生"甚至"问题学生"，老师更应该多一些理解和帮助。老师在学生心目中具有重要位置，老师无意间的一句话，可能造就一个人才，也可能毁灭一个人才。习近平总书记强调，教育不是制造"失败者"的，以分数贴标签的做法必须彻底改！只有尊重、理解、包容每一个学生，才能让所有学生都成长为有用之才。

[诗词释义]

苔

〔清〕袁枚

白日不到处，青春恰自来。

苔花如米小，也学牡丹开。

在这首咏物小诗中，清代"性灵派"诗人袁枚敏锐地捕捉到苔藓这一微小植物的生命本能，以拟人化手法赋予其积极进取的生命意识，揭示了生命的平等与尊严。

"白日不到处"，概括了苔藓生长环境之恶劣。但就在这个阳光照不到、生命不宜长成的背阴处，苔藓的"春天"并未缺席，它兀自倔强地生长，萌出春的绿意。"恰自来"说明苔藓的美丽绽放是靠它自力更生争取来的。尽管苔花如米粒般微小，但那也是春天的绽放，是生命的胜利！"也学牡丹开"，传达出苔花的笃定与自强。虽然它其貌不扬，无法跟高贵的牡丹相比，其生长条件也无法跟牡丹比，但苔花却凭一己之力于逆境中开放，它为自己拥有旺盛的生命力而喜悦，为能和牡丹一样装扮春天而自豪。

这首小诗托物言志，带给人很多生命的感动和启迪：生长的环境或许是不能选择的，但对待生命的态度是可以选择的。再卑微的生命，也会有怒放的能量，也应有盛开的姿态。选择积极的生活态度，就会"青春恰自来"，要像苔花一样通过不懈奋斗实现人生价值!

    习近平总书记正是看到了孩子们对自己的成长都抱有美好的愿望，所以引用这首诗，勉励老师们要因材施教，要公平施教，要像悉心栽培牡丹一样，给苔花以同样的关爱。

亦余心之所善兮，虽九死其犹未悔。

树高叶茂，系于根深。自力更生是中华民族自立于世界民族之林的奋斗基点，自主创新是我们攀登世界科技高峰的必由之路。"吾心信其可行，则移山填海之难，终有成功之日；吾心信其不可行，则反掌折枝之易，亦无收效之期也。"创新从来都是九死一生，但我们必须有"亦余心之所善兮，虽九死其犹未悔"的豪情。

——《在中国科学院第十九次院士大会、中国工程院第十四次院士大会上的讲话》(2018 年 5 月 28 日)

[延伸阅读]

变革创新是推动人类社会向前发展的根本动力。谁排斥变革，谁拒绝创新，谁就会落后于时代，谁就会被历史淘汰。实践反复告诉我们，关键核心技术是要不来、买不来、讨不来的。只有把关键核心技术掌握在自己手中，才能从根本上保障国家经济安全、国防安全和其他安全。习近平总书记高度重视创新，无论是主持召开重要会议还是深入地方考察，在不同场合都反复强调创新的重要性。在院士大会上，习近平总书记引用"亦余心之所善兮，虽九死其犹未悔"这两句诗，强调要"矢志不移自主创新，坚定创新信心，着力增强自主创新能力"。

当今世界，科技创新已经成为提高综合国力的关键支撑，成为社会生产方式和生活方式变革进步的强大引领，谁牵住了科技创新这个"牛鼻子"，谁走好了科技创新这步先手棋，谁就能占领先机、赢得优势。"十四五"规划和2035年远景目标纲要中提出，坚持创新驱动发展，全面塑造发展新优势。"十四五"时期，我们要继续贯彻新发展理念，重要的一条就是坚持创新发展，把坚持创新摆在我国现代化建设全局中的核心地位，把科技自立自强作为国家发展的战略支撑，让创新贯穿党和国家一切工作。只有增强"四个自信"，以关键共性技术、前沿引领技术、现代工程技术、颠覆性技术创新为突破口，敢于走前人没走过的路，努力实现关键核心技术自主可控，才能把创新主动权、发展主动权牢牢掌握在自己手中。

［ 诗词释义 ］

离骚（节选）

〔战国〕屈原

······

长太息以掩涕兮，哀民生之多艰；

余虽好修姱以鞿羁兮①，謇朝谇而夕替②；

既替余以蕙纕兮③，又申之以揽茞④；

亦余心之所善兮，虽九死其犹未悔。

······

　　"亦余心之所善兮，虽九死其犹未悔"这两句诗是屈原在《离骚》中表达自己坚定信念的名句。屈原认为自己洁身自好、严于律己，但早上直谏晚上就遭贬；追求真善美，坚持高尚情操，却被横加罪名。尽管受到不公正对待，但他表示"亦余心之所善兮，虽九死其犹未悔"。意思是说，我心中认为是美好的东西我就会追求，即使让我为此死亡多次也不会后悔。诗句表现了屈原追逐理想、坚守节操的崇高精神，以及不畏艰险、矢志不渝的忠贞情怀。

　　屈原一生致力于"美政"理想，对内任贤修法、力推改革，对外联齐抗秦、力图兴国。但是他的提议屡遭贵族毁谤，先后两次被流放。公元前278年，秦将白起攻破楚国国都，屈原悲愤交加，抱石自沉于汨罗江，最终用生命践行了这两句诗。

"亦余心之所善兮，虽九死其犹未悔"，其中包含的爱国情怀、牺牲奉献、奋斗精神，是中华民族精神的重要体现，两千多年来给无数仁人志士以行为示范和精神力量。后世人们在表达对理想、信念、真理等的坚守时，常引用这两句诗以表明心志。成语"九死未悔"即源于此。

注释：

①靮（jì）：马嚼子。　②謇（jiǎn）：楚方言中的发语词。谇（suì）：责骂。　③纕（xiāng）：佩在身上的带子。　④茝（chǎi）：一种香草。

繁霜尽是心头血，洒向千峰秋叶丹。

　　"繁霜尽是心头血，洒向千峰秋叶丹。"两院院士是国家的财富、人民的骄傲、民族的光荣。长期以来，一代又一代科学家怀着深厚的爱国主义情怀，凭借深厚的学术造诣、宽广的科学视角，为祖国和人民作出了彪炳史册的重大贡献。

　　　　——《在中国科学院第十九次院士大会、中国
　　　　工程院第十四次院士大会上的讲话》(2018 年
　　　　5 月 28 日)

[延伸阅读]

我国科技事业取得的历史性成就，是一代又一代矢志报国的科学家前赴后继、接续奋斗的结果。从李四光、钱学森、钱三强、邓稼先等一大批老一辈科学家，到陈景润、黄大年、南仁东等一大批新中国成立后成长起来的杰出科学家，都是爱国科学家的典范。习近平总书记以"繁霜尽是心头血，洒向千峰秋叶丹"这两句意蕴深长的诗句，高度评价了两院院士为祖国和人民作出的重大贡献，高度肯定了很多院士都具有"先天下之忧而忧，后天下之乐而乐"的深厚情怀，都是"干惊天动地事，做隐姓埋名人"的民族英雄。

科学成就离不开精神支撑。科学家精神是科技工作者在长期科学实践中积累的宝贵精神财富。新中国成立以来，广大科技工作者在祖国大地上树立起一座座科技创新的丰碑，也铸就了独特的精神气质。2019 年 5 月，中共中央办公厅、国务院办公厅专门出台了《关于进一步弘扬科学家精神加强作风和学风建设的意见》，要求大力弘扬胸怀祖国、服务人民的爱国精神，勇攀高峰、敢为人先的创新精神，追求真理、严谨治学的求实精神，淡泊名利、潜心研究的奉献精神，集智攻关、团结协作的协同精神，甘为人梯、奖掖后学的育人精神。爱国精神、创新精神、求实精神、奉献精神、协同精神、育人精神，共同构成了科学家的精神坐标，激励科学家把个人理想融入国家发展大业，在科学前沿孜孜求索，为民族复兴伟业作出新的更大贡献。

[诗词释义]

望 阙 台

〔明〕戚继光

十年驱驰海色寒，孤臣于此望宸銮。

繁霜尽是心头血，洒向千峰秋叶丹。

　　这两句诗出自明代民族英雄戚继光的《望阙台》。明嘉靖年间，戚继光奉命在东南沿海一带抗击倭寇，十年间屡克强敌，战功赫赫，基本荡除了倭患，保卫了海疆安宁。这首诗是他任福建总督时所作。戚继光在守卫福建时，将福清县的一座山峰命名为"望阙台"。阙，指皇帝居处，借指朝廷，以此表明自己身在远方而不忘国家重托。

　　首句概括了诗人在苍茫海域内东征西讨的十年抗倭斗争，一个"寒"字反映出战斗的艰苦卓绝。二句点明诗人登临望阙台的原因，是要远眺京城宫阙皇帝居住的地方，期盼抗倭斗争能得到朝廷的大力支持，一个"孤"字传达出诗人此时孤独、凝重的心境。

　　后两句是借景抒情。眼前千山红叶的壮美秋景让诗人热血澎湃。他将自己的满腔热血比作"繁霜"，哪怕征战艰辛，报效国家的丹心热血也要如同点点秋霜，洒向千峰万岭，染红漫山秋叶。这两句诗以十分形象的手法，生动地表达了诗人忠贞不渝的报国之心和不计个人得失的赤子情怀，也传神地揭示出中国传统社会中仁人志士精忠报国的崇高精神境界。全诗先抑后扬，感情由沉郁转为热烈，具有激荡人心的艺术感染力，特别是后两句成为抒发爱国之情、报国之志的千古传诵的名句。

春蚕到死丝方尽，蜡炬成灰泪始干。

在全面建成小康社会进程中，广大知识分子要肩负起自己的使命，立足岗位、不断学习、学以致用，做好本职工作。当老师，就要心无旁骛，甘守三尺讲台，"春蚕到死丝方尽，蜡炬成灰泪始干"。……一个知识分子，不论在哪个行业、从事什么职业，也不论学历、职称、地位有多高，唯有秉持求真务实精神，才能探究更多未知，才能获得更多真理，也才能为社会作出更大贡献。

——《在知识分子、劳动模范、青年代表座谈会上的讲话》(2016 年 4 月 26 日)

"春蚕到死丝方尽，蜡炬成灰泪始干"，是用来赞美教师无私奉献的经典名句。2016年"五一"国际劳动节前夕，习近平总书记在知识分子、劳动模范、青年代表座谈会上，以这两句诗对老师提出要求，勉励包括老师、科研工作者、文艺工作者在内的知识分子做好本职工作、肩负起自己的使命。

"三寸粉笔，三尺讲台系国运；一颗丹心，一生秉烛铸民魂。"谈到教师的重要性，习近平总书记曾打过一个生动的比方：今天的学生就是未来实现中华民族伟大复兴中国梦的主力军，广大教师就是打造这支中华民族"梦之队"的筑梦人。百年大计，教育为本。教师是立教之本、兴教之源，承担着让每个孩子健康成长、办好人民满意教育的重任。什么样的老师才是好老师？习近平总书记提出"四有"的标准：有理想信念、有道德情操、有扎实知识、有仁爱之心。教师做的是传播知识、传播思想、传播真理的工作，是塑造灵魂、塑造生命、塑造人的工作。教师不能只做传授书本知识的教书匠，而要成为塑造学生品格、品行、品味的"大先生"。只有这样，才能更好担当起学生健康成长指导者和引路人的责任，培养出更多德、智、体、美、劳全面发展的社会主义建设者和接班人。

[诗词释义]

无 题

〔唐〕李商隐

相见时难别亦难，东风无力百花残。

春蚕到死丝方尽，蜡炬成灰泪始干。

晓镜但愁云鬓改，夜吟应觉月光寒。

蓬山此去无多路，青鸟殷勤为探看。

李商隐的"无题"诗多有寄寓，所寄寓者，或曰爱情，或曰政治，说法不一。这首诗亦然。我们无从得知诗中意象的象征意义，但表现出的别离之痛、相思之苦如此缠绵悱恻，情深入骨，足以使其成为传世名篇，被誉为"无题"诗之冠。

首联的"别"字为诗眼，领起全篇的离愁别绪。两个"难"字各有所指，前者指相见之"难"的客观现实，后者指离别之"难"的心理感受。此句化用了前人"别日何易会日难"（曹丕《燕歌行》）诗句，将时间上的"别易"转化为心理上的"别难"，入情入理，深沉婉曲。"东风"句既写实景，也象征心境，奠定了全诗哀婉的基调。

颔联写生死相思的苦痛。运用"丝"与"思"谐音的双关手法，借春蚕吐丝绵绵不绝、到死方尽的特点，比喻人的相思绵延不断、感情至死不渝。以蜡泪喻人泪，反映出相思之痛终生相随。此联通过形象的比喻，极写相思之凄苦、感情之绵厚，吟出摄人心魄的千古绝唱。

颈联写朝暮相思的凄楚。夜不能寐的女子清晨对镜，愁看鬓发变白、容颜憔悴。彻夜难眠的男子月下吟诗，倍觉清寒。

尾联借神话传说，表达了希望青鸟频传相思之情。

"春蚕到死丝方尽，蜡炬成灰泪始干"，堪称海誓山盟的范例。后来也用以赞颂为理想奋斗终生之人，常用来讴歌辛勤耕耘、呕心沥血的教师。

诚既勇兮又以武，终刚强兮不可凌。

身既死兮神以灵，魂魄毅兮为鬼雄。

中国人民抗日战争异常惨烈，从战略防御到战略相持，进而发展到战略反攻，无论是正面战场还是敌后战场，中国人民同仇敌忾、共赴国难，铁骨铮铮、视死如归，奏响了气壮山河的英雄凯歌。杨靖宇、赵尚志、左权、彭雪枫、佟麟阁、赵登禹、张自忠、戴安澜等一批抗日将领，八路军"狼牙山五壮士"、新四军"刘老庄连"、东北抗联八位女战士、国民党军"八百壮士"等众多英雄群体，就是中国人民不畏强暴、以身殉国的杰出代表。正所谓"诚既勇兮又以武，终刚强兮不可凌。身既死兮神以灵，魂魄毅兮为鬼雄。"

——《在纪念中国人民抗日战争暨世界反法西斯战争胜利 69 周年座谈会上的讲话》(2014 年 9 月 3 日)

1945 年 9 月，中国人民同世界人民一道，以顽强的意志和英勇的斗争，彻底打败了法西斯主义，取得了正义战胜邪恶、光明战胜黑暗、进步战胜反动的伟大胜利。14 年不屈不挠的浴血奋战中，全体中华儿女地不分南北，人不分老幼，都义无反顾地投身到抗击日本侵略者的洪流之中。习近平总书记以屈原荡气回肠的诗句，高度肯定了抗战英雄所体现出的"不畏强暴、以身殉国"的高贵品格。

抗日战争的胜利，是以爱国主义为核心的民族精神的伟大胜利。近代以来，中国人民为争取民族独立和解放进行的一系列抗争，就是中华民族觉醒的历史进程，就是中华民族精神升华的历史进程。这种民族觉醒和民族精神升华，在抗日战争时期达到了全新的高度。中国人民在抗日战争的壮阔进程中，孕育出伟大抗战精神。这是天下兴亡、匹夫有责的爱国情怀，视死如归、宁死不屈的民族气节，不畏强暴、血战到底的英雄气概，百折不挠、坚忍不拔的必胜信念。新中国成立以来，中国共产党团结带领全国各族人民创造了举世瞩目的发展成就，中国发生了翻天覆地的变化。但前进道路上仍然会面临各种各样的风险挑战，仍会遇到各种各样的荆棘坎坷，仍然需要风雨无阻向前进。伟大抗战精神将永远激励中国人民克服一切艰难险阻，为实现中华民族伟大复兴而奋斗。

[诗词释义]

九歌·国殇

〔战国〕屈原

操吴戈兮被犀甲，车错毂兮短兵接。

旌蔽日兮敌若云，矢交坠兮士争先。

凌余阵兮躐余行①，左骖殪兮右刃伤②。

霾两轮兮絷四马③，援玉枹兮击鸣鼓④。

天时坠兮威灵怒，严杀尽兮弃原野。

出不入兮往不反，平原忽兮路超远。

带长剑兮挟秦弓，首身离兮心不惩。

诚既勇兮又以武，终刚强兮不可凌。

身既死兮神以灵，魂魄毅兮为鬼雄。

《九歌》是屈原为祭祀神鬼所作的一组祭歌。《国殇》是一首哀悼和礼赞为国捐躯的楚国将士的诗。"殇"常指夭折之人，"国殇"指为国牺牲的人。

全诗可分两部分。前十句描写楚国将士奋战御敌的壮烈场面。由"旌蔽日兮敌若云"可知，这场战争敌众我寡，力量悬殊。面对入侵的强敌，将士们奋勇争先。但见一辆四马战车冲出，虽两马已死伤，但战车主帅毫不退缩，忘我搏斗。战场上天昏地暗，待杀气散尽，只留下尸横遍野。

　　诗的后八句赞颂阵亡将士的爱国精神和英雄气概。他们既已出征就没想过回头，即使身首分离亦无悔无怨。"诚既勇兮又以武，终刚强兮不可凌。身既死兮神以灵，魂魄毅兮为鬼雄。"铿锵的诗句讴歌了将士们的勇敢威武、刚强不屈，生是人中豪杰；精神不泯、魂魄坚毅，死亦鬼中英雄。"鬼雄"，后来用以称颂为国捐躯者，被李清照借用写成"生当作人杰，死亦为鬼雄"的千古名句。

　　《国殇》堪称一首爱国主义和英雄主义的赞歌。它歌颂了在国家危难之际，挺身御侮、捍卫生存的爱国情操，以及不畏强暴、誓死不屈的英雄意志，同时也表达了正义事业必胜的坚定信念，这些正是中华民族代代相传的伟大精神力量。

注释：

　　①躐（liè）：踩踏。　　②殪（yì）：死。　　③絷（zhí）：用绳子绊住。　　④枹（fú）：同"桴"，鼓槌。

少年辛苦终身事，莫向光阴惰寸功。

听说有的同学喜欢比吃穿，比有没有车接车送，比爸爸妈妈是干什么工作的，这样就比偏了。一定不能比这些。"自古雄才多磨难，从来纨绔少伟男"、"少年辛苦终身事，莫向光阴惰寸功"。要比就比谁更有志气、谁更勤奋学习、谁更热爱劳动、谁更爱锻炼身体、谁更有爱心。

——《从小积极培育和践行社会主义核心价值观——在北京市海淀区民族小学主持召开座谈会时的讲话》(2014 年 5 月 30 日)

[延伸阅读]

让孩子们能成长得更好，一直是习近平总书记挂在心头的事。除了物质上的保障，孩子们的成长更离不开精神上的磨砺。在北京市海淀区民族小学的座谈会上，习近平总书记与孩子们一起聊天，分析阐释少年儿童如何培育和践行社会主义核心价值观的问题，勉励孩子们要做到"记住要求、心有榜样、从小做起、接受帮助"，他以"自古雄才多磨难，从来纨绔少伟男"和"少年辛苦终身事，莫向光阴惰寸功"这些诗句告诫孩子们，不要比吃比穿、贪慕虚荣，而是要从小事做起，多做一做、多想一想，日积月累养成好思想、好品德。

"千里之行，始于足下。"每个人的生活都是由一件件小事组成的，养小德才能成大德。孩子们每天都可以想一想，对祖国热爱吗？对集体热爱吗？学习努力吗？对同学关心吗？对老师尊敬吗？在家孝敬父母吗？在社会上遵守社会公德吗？对好人好事有敬佩感吗？对坏人坏事有义愤感吗？同样，对于每个人而言，也可以多问一问自己：有没有做到勤勉工作？有没有做到待人以诚？能不能做到与人为善？能不能做到无私奉献？在每天的日常中多省思自身、反躬自问，做好"日课"、慎独慎微，社会主义核心价值观才能内化于心、外化于行，筑牢整个社会的精神基座。

[诗词释义]

题弟侄书堂

〔唐〕杜荀鹤

何事居穷道不穷，乱时还与静时同。

家山虽在干戈地，弟侄常修礼乐风。

窗竹影摇书案上，野泉声入砚池中。

少年辛苦终身事，莫向光阴惰寸功。

这首诗是晚唐诗人杜荀鹤为弟侄书堂所题的诗，旨在勉励弟侄要珍惜光阴，切莫有须臾懈怠。

前四句是对弟侄的赞美。虽然当时处境困窘、战乱纷仍，但是弟侄仍能静心研学、修身养德。"居穷"与"道不穷"，"乱"与"静"，"干戈地"与"礼乐风"的鲜明对比，彰显出弟侄于乱世中潜心修业、坚守礼乐的品格。

颈联的景物描写极具诗情画意。窗外摇曳的绿竹、山野潺潺的泉水，无不让人感官愉悦、心旷神怡。然而，这些自然美景最后的落脚点却是"书案上"和"砚池中"，从中我们仿佛看到杜氏弟侄伏案读书、临池研墨的身影。

尾联既是对弟侄的劝勉之辞，也是诗人自己的人生感悟。意思是说，年轻时辛勤刻苦是终身大事，将为一生事业打下根基，为此不要有丝毫懈怠，每一寸光阴都不能荒废。"终身"极言时间之长，"寸"极言时间之短，而"终身事"正是"寸功"日积月累达成的，正所谓"少壮工夫老始成"（陆游《冬夜读书示子聿》），反映了量变到质变的道理。尾联二句语重心长，平易质朴，而又说理精辟，旨意深切，常被引作劝学、惜时的警句。

千淘万漉虽辛苦，吹尽狂沙始到金。

　　要树立正确的世界观、人生观、价值观，掌握了这把总钥匙，再来看看社会万象、人生历程，一切是非、正误、主次，一切真假、善恶、美丑，自然就洞若观火、清澈明了，自然就能作出正确判断、作出正确选择。正所谓"千淘万漉虽辛苦，吹尽狂沙始到金"。

　　　　——《青年要自觉践行社会主义核心价值观——
　　　　在北京大学师生座谈会上的讲话》(2014年
　　　　5月4日)

[延伸阅读]

2014 年五四青年节，习近平总书记来到北京大学，与大家共同纪念五四运动 95 周年。在与北京大学师生座谈时他提出，广大青年树立和培育社会主义核心价值观，要在"勤学""修德""明辨""笃实"四点上下功夫。谈到要"明辨"时，习近平总书记引用"千淘万漉虽辛苦，吹尽狂沙始到金"这两句古诗，说明要树立正确的世界观、人生观、价值观，这样才能不怕千淘万漉，最终留下真金。

是非明，方向清，路子正，付出的辛劳才能结出果实。否则，方向错了，走得越远错得越深。尤其是，信息时代舆论千变万化、思潮激荡起伏，面对世界的深刻复杂变化，面对纷繁多变、鱼龙混杂的社会现象，面对学业、情感、职业选择等多方面的考量，关键是要学会思考、善于分析、正确抉择，做到稳重自持、从容自信、坚定自励。要看到，一时有些疑惑、彷徨、失落，也是正常的人生经历。只要能秉持正确的世界观、人生观、价值观，能明辨是非、分清黑白，在大的方向、原则上站稳脚跟、守住底线，就能作出正确的判断和正确的选择，牢牢把握住人生的航向。无论什么时候，我们都要坚守在中国大地上形成和发展起来的社会主义核心价值观，在时代大潮中建功立业，成就自己的宝贵人生。

[诗词释义]

浪淘沙九首（其八）

〔唐〕刘禹锡

莫道谗言如浪深，莫言迁客似沙沉。

千淘万漉虽辛苦，吹尽狂沙始到金。

　　唐朝自安史之乱后，国运日衰，政局败坏。诗人刘禹锡屡遭谗言，被贬边荒之地，受尽排挤和磨难。《浪淘沙九首》组诗是记述其贬谪期间的经历和感受的代表性作品。这首诗是其中的第八首。尽管遭遇不公，但诗人并无过多愤激或郁结之辞，而是洋溢着超越苦难的达观态度和正义必胜的坚定信念。

　　前两句用两个"莫"字领起，不要说诋毁之言如同大浪一样又深又猛（难以抵抗），也不要说遭贬谪之人像泥沙一样会永远沉埋，诗人以坚定的语气表达了自己不服输和绝不意志消沉的气概。后两句说，只有经过千万遍冲刷过滤，历尽艰辛，才能最终淘尽泥沙，得到真金。展现了诗人虽身处逆境，却依然自信、昂扬的精神面貌。

　　谗言似大浪，迁客似泥沙。泥沙被大浪裹挟、摔打，几经沉浮，历尽磨砺。但也就在这样的"千淘万漉"后，真正的金子才会显现出来，谗言终会被击破，迁客终显英雄本色。诗中表达的这种正义必定战胜邪恶的磅礴气概，激励了一代又一代在困境中坚守和抗争的有志之士。而诗人也在历经 23 年的贬谪生活后，被召回京城，赢得了世人的尊重。这也就是今天人们常说的"大浪淘沙""真金不怕火炼""金子总会发光"的道理。

启 哲 思

飞来山上千寻塔，闻说鸡鸣见日升。

不畏浮云遮望眼，自缘身在最高层。

　　最后，我引用宋代王安石的一首诗："飞来山上千寻塔，闻说鸡鸣见日升。不畏浮云遮望眼，自缘身在最高层。"全党全军全国各族人民要在中国共产党领导下，闻鸡起舞，登高望远，撸起袖子加油干，继续向着全面建成小康社会的奋斗目标进发，继续向着中华民族伟大复兴的中国梦进发，继续向着构建人类命运共同体的美好前景进发，在我们广袤的国土上，书写13亿多中国人民伟大奋斗的历史新篇章！

　　　　　——《在2017年春节团拜会上的讲话》（2017年

1月26日）

　　农历鸡年的春节团拜会上，习近平总书记在讲话结尾处引用王安石的这首《登飞来峰》，激励全国上下闻鸡起舞、登高望远，可谓切合场景、充满意蕴。从全面建成小康社会，到实现中华民族伟大复兴，再到构建人类命运共同体，我们的奋斗伟大，我们的未来光明！

　　站得多高，就能看得多远。不被浮云所蔽，正是因为站在最高一层。对于一个人而言，要立鸿鹄之志。就像苏东坡说的，"古之立大事者，不惟有超世之才，亦必有坚忍不拔之志"。王守仁说："志不立，天下无可成之事。"有了理想，有了目标，奋斗才不会迷航，人生才会有方向。以国家的发展轨迹定义个人的成长坐标，把个人理想融入民族复兴伟大理想，才能更好地实现人生的价值。对于一个国家而言，也要有高远目标。过去一百年，中国共产党向人民、向历史交出了一份优异的答卷。现在，中国共产党团结带领中国人民又踏上了实现第二个百年奋斗目标新的赶考之路。从历史的角度看，中华民族迈向伟大复兴的步伐，不可阻挡；从世界的角度看，构建人类命运共同体赢得共识，前景美好。目标已经确定、蓝图已经绘就，正需要亿万中国人民同心同德、同向同行，携手书写更加辉煌壮丽的历史篇章。

[诗词释义]

登飞来峰

〔宋〕王安石

飞来山上千寻塔，闻说鸡鸣见日升。

不畏浮云遮望眼，自缘身在最高层。

《登飞来峰》为王安石初入仕途之作。当时他在浙江鄞县（今浙江宁波市鄞州区）做知县，任满回江西老家，途经杭州，写下此诗。整首诗借登飞来峰一事抒发胸臆，流露出年少有为的盛气与远大的抱负。

诗的第一句点明所写对象。飞来峰本就不矮，上面再立千寻之塔，因而更觉塔之矗立雄奇不凡。第二句是说，雄鸡一鸣，太阳始出，千寻塔上最早见到太阳的第一缕阳光，这是以夸张的手法形容塔的高峻，为三、四两句议论做铺垫。第三句"不畏浮云遮望眼"，是双关语，一方面承上，写身处千寻塔上，高瞻远瞩，眼界开阔，见识清明；另一方面则暗用西汉陆贾《新语·辨惑篇》中的典故，"故邪臣之蔽贤，犹浮云之鄣日月也"，表明他对当前政局的情况一清二楚，对为官从政充满了信心。

与一般的登高诗不同，《登飞来峰》的重点不在写眼前景色之美，而在写自己登高的感触，与由衷而发的哲理思想和政治决心。与王之涣"欲穷千里目，更上一层楼"的诗句相似，作者在此诗中寄托了自己的政治理想，有自励自勉之意。"不畏浮云遮望眼，自缘身在最高层"两句，也让人想到苏轼的"不识庐山真面目，只缘身在此山中"。前者从正面立意，比喻站得高才能破除障碍和迷惑；后者则从反面着笔，比喻身陷其中则无法看清事物的真相和本质。

甘瓜抱苦蒂，美枣生荆棘。

　　"甘瓜抱苦蒂，美枣生荆棘。"从哲学上说，世界上没有十全十美的事物，因为事物存在优点就把它看得完美无缺是不全面的，因为事物存在缺点就把它看得一无是处也是不全面的。经济全球化确实带来了新问题，但我们不能就此把经济全球化一棍子打死，而是要适应和引导好经济全球化，消解经济全球化的负面影响，让它更好惠及每个国家、每个民族。

　　——《共担时代责任　共促全球发展——在世界经济论坛2017年年会开幕式上的主旨演讲》

（2017年1月17日）

[延伸阅读]

　　如何认识经济全球化？习近平主席多次强调要从两方面来看。一方面，经济全球化是不可逆转的历史大势，就像大江大河奔腾向前的势头谁也阻挡不了。经济全球化为世界经济增长提供了强劲动力，促进了商品和资本流动、科技和文明进步、各国人民交往。另一方面也要看到，经济全球化是一把"双刃剑"。当世界经济处于下行期的时候，全球经济"蛋糕"不容易做大，甚至变小了，增长和分配、资本和劳动、效率和公平的矛盾就会更加突出，发达国家和发展中国家都会感受到压力和冲击。就像习近平主席引用"甘瓜抱苦蒂，美枣生荆棘"这两句诗揭示的，事物都有优缺点，需要全面、辩证地去看待。这是一种基本的认识论，也是一种根本的方法论。

　　看两面的同时，也需要抓住矛盾的主要方面。必须看到，困扰世界的很多问题并不是经济全球化造成的，把困扰世界的问题简单归咎于经济全球化，既不符合事实，也无助于问题解决。更重要的是，要思考如何扬长避短，在顺应历史大势时更好地消解其负面影响。一遇到风浪就退回到港湾中去，那是永远不能到达彼岸的。面对经济全球化带来的机遇和挑战，正确的选择是，充分利用一切机遇，合作应对一切挑战，引导好经济全球化走向。唯有拿出更大勇气，拿出务实行动，共同建设开放型世界经济，推动经济全球化朝着更加开放、包容、普惠、平衡、共赢的方向发展，才能让各国人民共享经济全球化和世界经济增长成果。

古　诗

〔汉〕无名氏

甘瓜抱苦蒂，美枣生荆棘。

利傍有倚刀，贪人还自贼。

　　在清代沈德潜选编的《古诗源》卷四中，收录了这首汉代五言诗。"甘瓜抱苦蒂，美枣生荆棘"，意思是说，瓜虽然甘甜，但其所连接的瓜蒂却是苦的；枣虽然味美，但却长在带刺儿的枣树上。这两句诗用了比兴手法，取譬自然，寓意精警。"利傍有倚刀，贪人还自贼"，揭示出全诗的主旨，即"利"字为立刀旁，意味着有一定凶险，贪婪之人最终不仅会害人，也会害自己，告诫人们切莫太贪心。全诗语言朴拙，内涵丰富，哲思隽永，耐人寻味。

　　"甘瓜苦蒂"是来自对事物的观察，是身边的哲理，也是中国人早已总结出的人生智慧。李商隐在《上李太尉状》中写道："甘瓜苦蒂，必兴叹于墨子。"唐代马总所著《意林》之"《墨子》十六卷"有云："甘瓜苦蒂，天下物无全美。"后人常用瓜甜蒂苦来比喻没有十全十美的事物，要学会接纳"不完美"。

　　在中国传统文化中，处处可见这一朴素的辩证审美观和哲学观。比如，老子《道德经》有云："祸兮福之所倚，福兮祸之所伏。"屈原《卜居》写道："夫尺有所短，寸有所长，物有所不足,智有所不明,数有所不逮,神有所不通。"南宋戴复古《寄兴》有曰"黄金无足色,白璧有微瑕",后衍化为"金无足赤,人无完人"。

吟安一个字，捻断数茎须。

文艺创作是艰苦的创造性劳动，来不得半点虚假。那些叫得响、传得开、留得住的文艺精品，都是远离浮躁、不求功利得来的，都是呕心沥血铸就的。我国古人说："吟安一个字，捻断数茎须。""两句三年得，一吟双泪流。"路遥的墓碑上刻着："像牛一样劳动，像土地一样奉献。"托尔斯泰也说过："如果有人告诉我，我可以写一部长篇小说，用它来毫无问题地断定一种我认为是正确的对一切社会问题的看法，那么，这样的小说我还用不了两个小时的劳动。但如果告诉我，现在的孩子们二十年后还要读我所写的东西，他们还要为它哭，为它笑，而且热爱生活，那么，我就要为这样的小说献出我整个一生和全部力量。"

——《在中国文联十大、中国作协九大开幕式上的讲话》（2016年11月30日）

　　文艺工作者如何才能拿出扛鼎之作、传世之作、不朽之作？习近平总书记以唐代诗人卢延让和贾岛的诗句、中国作家路遥的墓志铭、俄国作家托尔斯泰的名言，勉励文艺工作者远离浮躁、不求功利，呕心沥血创作叫得响、传得开、留得住的文艺精品。

　　文艺创作是艰辛的创造性工作。古往今来，文艺巨制无不是厚积薄发的结晶，文艺魅力无不是内在充实的显现。凡是传世之作、千古名篇，必然是笃定恒心、倾注心血的作品。习近平总书记曾以福楼拜写《包法利夫人》"有一页就写了五天"、曹雪芹写《红楼梦》"披阅十载，增删五次"为例，说明打造好的文艺作品，需要有孜孜以求、精益求精的精神。广大文艺工作者要有"板凳坐得十年冷"的艺术定力，有"语不惊人死不休"的执着追求，才能拿出扛鼎之作、传世之作、不朽之作。有了无愧于我们这个伟大民族、伟大时代的优秀作品，才能让文艺的百花园繁花似锦，在世界文学艺术领域鲜明确立中国气派、中国风范。

苦 吟

〔唐〕卢延让

莫话诗中事，诗中难更无。

吟安一个字，捻断数茎须。

险觅天应闷，狂搜海亦枯。

不同文赋易，为著者之乎。

"吟安一个字，捻断数茎须"，出自晚唐诗人卢延让的《苦吟》。意思是说，为了把诗中的一个字推敲得妥帖安稳，不知不觉捻断了好几根胡须。古代文人大多是蓄胡须的，许多诗人写诗吟诗时，习惯一边用手指捏搓着胡须，一边苦苦思索。卢延让以"苦吟"著称，这两句即自述其作诗炼句之勤苦，生动地刻画了一个上天入海寻觅佳词丽句的"苦吟"诗人形象，如其所述"险觅天应闷，狂搜海亦枯"，真可谓殚思竭虑、煞费苦心。后人常引用这两句诗来形容好诗佳句的来之不易，也用来称道写作时字斟句酌、精益求精的严谨态度。

中华传统诗文创作向来讲求锤字炼句，《诗经》《楚辞》无不是用语精妙，言约义丰。《文心雕龙》更有《炼字》等篇章专门谈炼字炼意。历代描写"苦吟"的诗句和故事也是不胜枚举。比如，杜甫自称"新诗改罢自长吟"（《解闷十二首》），又说"为人性僻耽佳句,语不惊人死不休"(《江上值水如海势聊短述》)。以"推敲"著称的唐代"苦吟"诗人贾岛更有"两句三年得,一吟双泪流"(《题诗后》),极言炼句之久,吟成之苦。此外,裴说的"莫怪苦吟迟,诗成鬓亦丝"(《寄曹松》),杜荀鹤的"生应无辍日,死是不吟时"(《苦吟》),无不道出诗歌创作的呕心沥血,也展现出诗人对文字充满敬畏心,把"苦吟"作为毕生事业的伟大"工匠精神"。

乱花渐欲迷人眼。

当代中国最大的客观实际是什么？就是我国仍处于并将长期处于社会主义初级阶段。这是我们认识当下、规划未来、制定政策、推进事业的客观基点，不能脱离这个基点，否则就会犯错误，甚至犯颠覆性的错误。对这个问题，很多同志在认识上是知道的，但在遇到具体问题时，有些同志会出现"乱花渐欲迷人眼"的情况，经常会冒出各种主观主义的东西，有时甚至头脑发热、异想天开。有的人喜欢拍脑袋决策、拍胸脯表态，盲目铺摊子、上项目，或者提出一些不切实际的高指标，结果只能是劳民伤财、得不偿失。为什么会出现这样的问题？甚至反复出现这样的问题？从思想根源来看，就是没有做到一切从实际出发。

——《在十八届中央政治局第二十次集体学习时的讲话》（2015 年 1 月 23 日）

十八届中央政治局第二十次集体学习，主题是辩证唯物主义基本原理和方法论。辩证唯物主义是中国共产党人的世界观和方法论，我们必须不断接受马克思主义哲学智慧的滋养，更加自觉地坚持和运用辩证唯物主义世界观和方法论，增强辩证思维、战略思维能力，努力提高解决我国改革发展基本问题的本领。习近平总书记结合我国实际和时代条件，从"学习掌握世界统一于物质、物质决定意识的原理""学习掌握事物矛盾运动的基本原理""学习掌握唯物辩证法的根本方法""学习掌握认识和实践辩证关系的原理"等几个方面，阐释了如何学习和运用辩证唯物主义世界观和方法论。

世界物质统一性原理是辩证唯物主义最基本、最核心的观点，是马克思主义哲学的基石。恩格斯指出："世界的真正的统一性在于它的物质性，而这种物质性不是由魔术师的三两句话所证明的，而是由哲学和自然科学的长期的和持续的发展所证明的。"遵循这一观点，最重要的就是坚持一切从客观实际出发，而不是从主观愿望出发。习近平总书记以"乱花渐欲迷人眼"这句古诗，告诫我们在工作中不要被纷繁复杂的表相所迷惑，要把握当代中国最大的客观实际——我国仍处于并将长期处于社会主义初级阶段，坚持从客观实际出发制定政策、推动工作。

[诗词释义]

钱塘湖春行

〔唐〕白居易

孤山寺北贾亭西，水面初平云脚低。

几处早莺争暖树，谁家新燕啄春泥。

乱花渐欲迷人眼，浅草才能没马蹄。

最爱湖东行不足，绿杨阴里白沙堤。

历史上的杭州刺史不乏名人，最有名的要算白居易和苏东坡。他们不但在杭州任上留下了不朽政绩，而且也留下了许多描写西湖美景的名篇。苏东坡的"欲把西湖比西子，淡妆浓抹总相宜"脍炙人口，白居易的这首七律也广为人知。

钱塘湖是西湖的别名。从题目可知，诗人并非静观春景，而是边行边赏，移步换景。首联远望西湖山水，先以"孤山""贾亭"交代方位，再写西湖水涨云低、云水相连的初春全景。颔联把视线拉近，仰视半空中早莺争树、新燕啄泥的细致之景。"争""啄"写出春日之闹，"几处""谁家"说明春天刚至，因而不是"处处""家家"。颈联从空中莺燕转而俯视地面花草。早春繁花待放，此起彼伏，故曰"乱花"；"渐欲"表明花渐开渐盛，令人应接不暇，所以"迷人眼"。"浅草"也是初春的征兆，如茵嫩草刚好"没"过诗人的马蹄，一幅骑马踏青、指点湖山的"春行"图跃然纸上。

尾联以绿阴白堤作结，描写诗人流连湖东美景、久久不愿离开的心境，"行不足"言其游兴未尽。

景中寄情是这首诗的主要特点。像"乱花""浅草"这些意象都投入了诗人主观感受，"迷人眼""没马蹄"都是写景融情，从中可见诗人之心与自然之美合而为一。此外，"乱花"句不只写出诗人对春光美景的陶醉，且有比况人生的哲理意味，当被纷繁人事迷惑双眼时、当浮华喧嚣渐渐让人迷醉时，用此句警示、提醒最为合适不过。

纸上得来终觉浅，绝知此事要躬行。

实践观点是马克思主义哲学的核心观点。实践决定认识，是认识的源泉和动力，也是认识的目的和归宿。认识对实践具有反作用，正确的认识推动正确的实践，错误的认识导致错误的实践。我国古人关于知行合一的论述，强调的也是认识和实践的关系。如荀子的"不闻不若闻之，闻之不若见之，见之不若知之，知之不若行之"；西汉刘向的"耳闻之不如目见之，目见之不如足践之，足践之不如手辨之"；宋代陆游的"纸上得来终觉浅，绝知此事要躬行"；明代王夫之的"知行相资以为用"，等等。我们推进各项工作，根本的还是要靠实践出真知。

——《在十八届中央政治局第二十次集体学习时的讲话》（2015 年 1 月 23 日）

在十八届中央政治局第二十次集体学习时，习近平总书记强调要"学习掌握认识和实践辩证关系的原理，坚持实践第一的观点，不断推进实践基础上的理论创新"。他以荀子、刘向、陆游、王夫之的名句，辨析知与行的关系，强调实践第一、知行合一。

马克思主义是实践的理论。实践的观点、生活的观点是马克思主义认识论的基本观点，实践性是马克思主义理论区别于其他理论的显著特征。正如马克思的名言所说，"全部社会生活在本质上是实践的"，"哲学家们只是用不同的方式解释世界，问题在于改变世界"。列宁也说过："生活、实践的观点，应该是认识论的首要的和基本的观点。"在理论与实践、知与行的辩证关系上，习近平总书记强调必须以知促行、以行促知，要不断"以新的思想认识推动实践，又以新的实践深化思想认识"。可以说，"知"是基础、是前提，"行"是重点、是关键，在具体工作中，既要解决认识提高问题，又要解决行动自觉问题，不断让思想自觉引导行动自觉、让行动自觉深化思想自觉。无论是理论联系实际、学以致用、反对空谈，还是以知促行、以行促知，知行合一的落脚点，最终都是在实干上。

[诗词释义]

冬夜读书示子聿

〔宋〕陆游

古人学问无遗力，少壮工夫老始成。

纸上得来终觉浅，绝知此事要躬行。

《冬夜读书示子聿》是陆游晚年写给儿子陆聿的一组教子诗，总共八首，此诗是第三首，也是最有名的一首。首句赞颂古人做学问的刻苦精神，"无遗力"极言竭尽全力，毫不偷懒。第二句说明做学问的艰辛历程，从少年时开始发奋读书，打下扎实的功夫，到了老年才能成就一番事业，强调为学需要持之以恒，终生奋斗。第三、四句指出做学问的正确方法，仅仅依靠孜孜不倦读书是不够的，因为书本得来的知识终究肤浅有限，要想深入地认识世界，还必须亲身参加社会实践。"绝知"，指透彻地了解事物；"躬行"，即在实践中学习和运用知识，将书本知识变成自己的实际本领。后两句与汉代刘向《说苑·政理》所言"耳闻之不如目见之，目见之不如足践之"道理相同。

这首诗看上去是诗人冬夜读书的体会，其实是他毕生为学的精粹感悟，同时寄托了对儿子的殷殷期望。做学问要不遗余力、早下功夫、坚持不懈、亲自实践，这些教育理念不仅在古代是真知灼见，在现代社会也仍然具有启迪意义。特别是诗人对书本与

实践二者关系的阐述，以及对实践重要性的认识，精辟地揭示出
直接经验和间接经验是获取知识的两种途径，体现了学以致用、
知行合一的科学实践观，这在当时是难能可贵的。

昨夜西风凋碧树。独上高楼，望尽天涯路。

衣带渐宽终不悔，为伊消得人憔悴。

众里寻他千百度，蓦然回首，那人却在，灯火阑珊处。

　　"取法于上，仅得为中；取法于中，故为其下。"有容乃大、无欲则刚，淡泊明志、宁静致远。大凡伟大的作家艺术家，都有一个渐进、渐悟、渐成的过程。文艺工作者要志存高远，就要有"望尽天涯路"的追求，耐得住"昨夜西风凋碧树"的清冷和"独上高楼"的寂寞，即便是"衣带渐宽"也"终不悔"，即便是"人憔悴"也心甘情愿，最后达到"众里寻他千百度"，"蓦然回首，那人却在，灯火阑珊处"的领悟。

　　　　　——《在文艺工作座谈会上的讲话》(2014 年 10 月
15 日)

在文艺工作座谈会上、在同北京师范大学师生代表座谈时、在全国宣传思想工作会议上，习近平总书记多次引用王国维的"人生三境界"说。在谈文艺创作之外，习近平总书记还曾以此作为领导干部读书学习的方法论：首先，要有"望尽天涯路"那样志存高远的追求，耐得住"昨夜西风凋碧树"的清冷和"独上高楼"的寂寞，静下心来通读苦读；其次，要勤奋努力，刻苦钻研，舍得付出，百折不挠，下真功夫、苦功夫、细功夫，即使是"衣带渐宽"也"终不悔"，"人憔悴"也心甘情愿；再次，要坚持独立思考，学用结合，学有所悟，用有所得，要在学习和实践中"众里寻他千百度"，最终"蓦然回首"，在"灯火阑珊处"领悟真谛。这三种境界启示我们，读书不仅要有明确的目标、有不移的恒心，还要提高读书效率和质量，讲求读书方法和技巧，在爱读书、勤读书、读好书、善读书中提高思想水平、解决实际问题、实现自我超越。

无论是读书学习还是文艺创作，都是一个长期的、需要付出辛劳的过程，不能心浮气躁、浅尝辄止，而应当先易后难、由浅入深，循序渐进、水滴石穿。正如荀子在《劝学篇》中所说："不积跬步，无以至千里；不积小流，无以成江海。"只有不断求索、不断积累，才能最终获得蓦然回首处的了悟。

[诗词释义]

人间词话（节选）

王国维

古今之成大事业、大学问者，必经过三种之境界："昨夜西风凋碧树。独上高楼，望尽天涯路。"此第一境也。"衣带渐宽终不悔，为伊消得人憔悴。"此第二境也。"众里寻他千百度，蓦然回首，那人却在，灯火阑珊处。"此第三境也。

蝶 恋 花

〔宋〕晏殊

槛菊愁烟兰泣露。罗幕轻寒，燕子双飞去。明月不谙离恨苦，斜光到晓穿朱户。

昨夜西风凋碧树。独上高楼，望尽天涯路。欲寄彩笺兼尺素，山长水阔知何处？

凤 栖 梧

〔宋〕柳永

伫倚危楼风细细。望极春愁，黯黯生天际。草色烟光残照里，无言谁会凭阑意。

拟把疏狂图一醉。对酒当歌，强乐还无味。衣带渐宽终不悔，为伊消得人憔悴。

青玉案·元夕

〔宋〕辛弃疾

东风夜放花千树。更吹落、星如雨。宝马雕车香满路。凤箫声动，玉壶光转，一夜鱼龙舞。

蛾儿雪柳黄金缕。笑语盈盈暗香去。众里寻他千百度，蓦然回首，那人却在，灯火阑珊处。

著名学者王国维先生在《人间词话》中论述成就事业和治学境界的一段话，分别引用了宋代词人晏殊、柳永、辛弃疾的词句，来形容不同阶段的心境，揭示了古今成就大事业、大学问者无不经历的三段心路历程。

第一境界"昨夜西风凋碧树。独上高楼，望尽天涯路"出自晏殊的《蝶恋花》。这是抒写深秋怀人的名篇。上片运用移情于景的手法，选取眼前景物，注入主观情感，"愁烟""泣露"等含情之景抒写出离情别恨。下片通过高楼独望的神态和心理描写，表现出萧索苍茫之景映衬下的孤寂愁苦之情。"昨夜西风"三句尽管表现的是凋敝凄凉的景致、望而不见的愁绪，但深婉之中却营造了寥廓恢宏的意境，传达出对高远目标的渴望与追求，这是全词的精髓所在，难怪被王国维称作"第一境"。

第二境界"衣带渐宽终不悔，为伊消得人憔悴"出自柳永的《凤栖梧》。这也是一首怀人之作。上片写登高望远，引发春愁。"伫倚"写出倚栏之久与怀想之深，"无言"道出寂寞凭栏和心曲难诉。下片写主人公决意醉饮狂歌以释怀，但终觉无味，愁绪仍旧挥之不去。"衣带渐宽"二句透露出愁绪难解的原因，即甘愿陷入春愁，哪怕身消瘦、面憔悴。"春愁"即相思，"伊"可指爱人或理想，"终不悔"表现出坚贞不渝的感情与坚毅执着的态度，词境由此得以升华。"第二境"用此二句表明要为了目标锲而不舍、百折不回。

第三境界"众里寻他千百度，蓦然回首，那人却在，灯火阑珊处"出自辛弃疾的《青玉案·元夕》。上片描写上元节的盛况，火树银花绽放，车马鼓乐喧腾，"宝""雕""凤""玉"等华丽字眼将节日的繁盛渲染到极致。下片专门写人。在盛妆而过的一队队丽人游女中，主人公苦苦寻觅意中人，"寻他千百度"照应了上片的"一夜鱼龙舞"，可以想见"一夜"繁华的背后浸含着多少苦心痴情。忽然，在回首的刹那，在"灯火阑珊"的角落，主人公发现了尚未归去的意中人，似乎早就在等待此刻的相逢。这种经过登高望远、上下求索之后的豁然开朗，正是一种精神的升华、思想的彻悟，可谓人生追求的"最高境"。

随人作计终后人，自成一家始逼真。

创新是文艺的生命。文艺创作中出现的一些问题，同创新能力不足很有关系。刘勰在《文心雕龙》中就多处讲到，作家诗人要随着时代生活创新，以自己的艺术个性进行创新。唐代书法家李邕说："学我者拙，似我者死。"宋代诗人黄庭坚说："随人作计终后人，自成一家始逼真。"文艺创作是观念和手段相结合、内容和形式相融合的深度创新，是各种艺术要素和技术要素的集成，是胸怀和创意的对接。

——《在文艺工作座谈会上的讲话》（2014 年 10 月 15 日）

[延伸阅读]

创新，不仅是引领发展的第一动力，也是文艺创作的不二法门。在文艺工作座谈会上，习近平总书记引用刘勰、李邕、黄庭坚的说法，强调文艺创作要加强观念和手段相结合、内容和形式相融合的深度创新。只有把创新精神贯穿文艺创作生产全过程，才能增强文艺原创能力，为人民创造文化杰作、为人类贡献不朽作品。要坚持百花齐放、百家争鸣的方针，发扬学术民主、艺术民主，营造积极健康、宽松和谐的氛围，提倡不同观点和学派充分讨论，提倡体裁、题材、形式、手段充分发展，推动观念、内容、风格、流派切磋互鉴。

对于当代中国的文学家、艺术家而言，创新有着宽广的舞台、深厚的土壤、强大的动力。当代中国正经历着我国历史上最为广泛而深刻的社会变革，也正在进行着人类历史上最为宏大而独特的实践创新。扎根中国的大地、关注人民的探索，文化创新创造就会有无尽的素材。同时，中华文化博大精深，深入浩瀚文脉，进行"创造性转化、创新性发展"，就能有无穷的灵感。习近平总书记强调，广大文艺工作者要努力创作同我们这个文明古国、我们这个蓬勃发展的国家相匹配的优秀作品。中国人民不仅将为人类贡献新的发展模式、发展道路，而且将把自己在文化创新创造中取得的成果奉献给世界。

以右军书数种赠丘十四

〔宋〕黄庭坚

丘郎气如春景晴，风暄百果草木生。

眼如霜鹘齿玉冰，拥书环坐爱窗明。

松花泛砚摹真行，字身藏颖秀劲清，

问谁学之果兰亭？

我昔颇复喜墨卿，银勾虿尾烂箱籯①，

赠君铺案黏曲屏。

小字莫作痴冻蝇，乐毅论胜遗教经。

大字无过瘗鹤铭②，官奴作草欺伯英。

随人作计终后人，自成一家始逼真。

卿家小女名阿潜，眉目似翁有精神。

试留此书他日学，往往不减卫夫人。

　　黄庭坚《以右军书数种赠丘十四》中的"右军"即王羲之。黄庭坚将其收藏的几种王羲之书法作品赠与友人丘郎，并作诗赠之。诗中表达了黄庭坚的书学思想。

　　前七句赞颂丘郎，其人生气勃发，其字劲秀清新。诗人见其临摹，便问临的是哪一种《兰亭》。紧接着八至十句写诗人赠王羲之书法作品。十一至十六句阐发诗人的书学主张：小字不能写得如被冻的苍蝇一样拘挛无神,王羲之所书的《乐毅论》胜过《遗教经》。若论大字,没有能超过《瘗鹤铭》的。王献之(小名官奴)的草书强于张芝(字伯英)。据说王献之年少时就对其父王羲之说:"大人宜改体。"后来王羲之果真"改变制度,别创其法"。诗人进而作出论断:"随人作计终后人,自成一家始逼真。"这是全篇的警策之句。篇尾四句点明赠书的目的,即供丘家小女日后学书之用,使她有望成为晋代卫夫人式的女书法家。

"随人作计终后人,自成一家始逼真",是黄庭坚的书学名言。"后人",后于人;"逼真",达到很高境界。这两句是说,跟在人后亦步亦趋,终究是落后于人;只有独辟蹊径,自成一家,才有可能超越前人,达到艺术真境。"自成一家"是他一贯的主张,他还说过"文章最忌随人后"。当然,起初也要效仿前人,但效仿不是目的,创造才是关键,只有另开新路,独树一帜,才能创造出超越前人的作品。这一论断至今仍有现实意义,对于我们做任何事情都有启发。

注释:

①虿(chài)尾:蝎子的尾巴。 ②瘗(yì):埋葬。瘗鹤铭,古代摩崖刻石,在今江苏镇江焦山,今仅残留部分,以字大精美著称。

闭门觅句非诗法，只是征行自有诗。

关在象牙塔里不会有持久的文艺灵感和创作激情。有一位苏联诗人形容作家坐在屋里挖空心思写不出东西的窘态是"把手指甲都绞出了水来"。我们要走进生活深处，在人民中体悟生活本质、吃透生活底蕴。只有把生活咀嚼透了，完全消化了，才能变成深刻的情节和动人的形象，创作出来的作品才能激荡人心。正所谓"闭门觅句非诗法，只是征行自有诗"。一切创作技巧和手段最终都是为内容服务的，都是为了更鲜明、更独特、更透彻地说人说事说理。背离了这个原则，技巧和手段就毫无价值了，甚至还会产生负面效应。

——《在文艺工作座谈会上的讲话》（2014 年 10 月 15 日）

[延伸阅读]

艺术创作，源于生活，高于生活。列宁说："艺术是属于人民的。它必须在广大劳动群众的底层有其最深厚的根基。它必须为这些群众所了解和爱好。它必须结合这些群众的感情、思想和意志，并提高他们。它必须在群众中间唤起艺术家，并使他们得到发展。"脱离了人民、远离了生活，文艺就失去了源头活水，会变成无根的浮萍、无病的呻吟、无魂的躯壳。人民生活中存在着文学艺术原料的矿藏，人民生活是一切文学艺术取之不尽、用之不竭的创作源泉。在文艺工作座谈会上，习近平总书记援引杨万里的诗句"闭门觅句非诗法，只是征行自有诗"，勉励文学家、艺术家向人民学习、向生活学习，从人民的伟大实践和丰富多彩的生活中汲取营养。

艺术可以放飞想象的翅膀，但一定要脚踩坚实的大地。文艺创作方法有一百条、一千条，但最根本、最关键、最牢靠的办法是扎根人民、扎根生活。在这次讲话中，习近平总书记还以曹雪芹、鲁迅为例说明这一点。百科全书式的巨著《红楼梦》，离不开曹雪芹对当时社会生活全景式的观察和显微镜式的剖析；而祥林嫂、闰土、阿Q、孔乙己等栩栩如生的人物，也离不开鲁迅对辛亥革命前后底层民众处境和心情的体察。一切有抱负、有追求的文艺工作者，都应该追随人民脚步，走出方寸之地，阅尽大千世界，让自己的心永远随着人民的心而跳动。

[诗词释义]

下横山滩头望金华山（其二）

〔宋〕杨万里

山思江情不负伊，雨姿晴态总成奇。
闭门觅句非诗法，只是征行自有诗。

　　这组诗是杨万里途经今浙江金华一带所作。旖旎风光和行程见闻让他诗兴大发，一连写下四首纪行绝句，这是第二首。"伊"是指第一首诗中提到的驾驭险滩激流的撑船手。首句是说秀美山川钟情于这位技艺高超的船师，无论晴雨都景色奇妙。后两句有感而发，阐明了写诗的道理，那就是不能闭门冥想，而要走进自然、体验生活，这样才能获得素材和灵感，创作出好的作品。"闭门觅句"，语出黄庭坚"闭门觅句陈无己"（《病起荆江亭即事》）。据说陈师道写诗时"卧一榻，以被蒙首，谓之'吟榻'。家人知之，即猫犬皆逐去，婴儿稚子亦皆抱持寄邻家"（《石林诗话》）。后来，"闭门觅句"成为脱离现实、搜索枯肠的写照，诗人认为此"非诗法"，唯有深入生活的"征行"（远行）才能收获好诗。

　　杨万里号诚斋，其学诗经历了由师法前人到师法自然的过程，由此创造了独具一格的"诚斋体"。他在《荆溪集自序》中说："步后园，登古城，采撷杞菊，攀翻花竹，万象毕来献予诗材，盖麾之不去，前者未雠，而后者已迫，涣然未觉作诗之难也。"这其实可作为"只是征行自有诗"的注解。他的诗句"此行诗句何须觅，满路春光总是题"也体现了从自然风物中屡获诗思的乐趣。"闭门觅句非诗法，只是征行自有诗"，说明生活是创作的源泉，这是文学创作的真谛。

莫言下岭便无难，赚得行人错喜欢。

正入万山圈子里，一山放出一山拦。

实现"两个一百年"奋斗目标，我们不知还要爬多少坡、过多少坎、经历多少风风雨雨、克服多少艰难险阻。我曾经引用过杨万里的一首诗："莫言下岭便无难，赚得行人错喜欢。正入万山圈子里，一山放出一山拦。"应对和战胜前进道路上的各种风险和挑战，关键在党。我们要聚精会神抓好党的建设，使我们党越来越成熟、越来越强大、越来越有战斗力。

——《在十八届中央政治局第十六次集体学习时的讲话》(2014 年 6 月 30 日)

[延伸阅读]

"备豫不虞，为国常道。"我们党要巩固执政地位，团结带领人民沿着中国特色社会主义道路实现中华民族伟大复兴，必须时刻准备应对重大挑战、抵御重大风险、克服重大阻力、解决重大矛盾。今天，我们比历史上任何时期都更接近、更有信心和能力实现中华民族伟大复兴的目标，同时必须准备付出更为艰巨、更为艰苦的努力。正如习近平总书记强调的：当前和今后一个时期，我国发展进入各种风险挑战不断积累甚至集中显露的时期，面临的重大斗争不会少，经济、政治、文化、社会、生态文明建设和国防和军队建设、港澳台工作、外交工作、党的建设等方面都有，而且越来越复杂。我们面临的各种斗争不是短期的而是长期的，至少要伴随我们实现第二个百年奋斗目标全过程。

在庆祝中国共产党成立 100 周年大会上，习近平总书记强调，"我们必须增强忧患意识、始终居安思危"。习近平总书记引用杨万里的这首《过松源晨炊漆公店》，也是要说明，前进的道路上，我们不知还要爬多少坡、过多少坎、经历多少风风雨雨、克服多少艰难险阻，要敢于斗争，善于斗争，逢山开道、遇水架桥，勇于战胜一切风险挑战。他强调，应对和战胜前进道路上的各种风险和挑战，关键在党。中国特色社会主义最本质的特征就是坚持中国共产党的领导，中国的事情要办好，首先中国共产党的事情要办好。我们要聚精会神抓好党的建设，使我们党越来越成熟、越来越强大、越来越有战斗力。

过松源晨炊漆公店

〔宋〕杨万里

莫言下岭便无难，赚得行人错喜欢。
正入万山圈子里，一山放出一山拦。

这首诗是杨万里在建康（今江苏南京）江东转运副使任上的外出纪行之作。松源、漆公店，在今皖南山区。诗人途经这一带时，见万山环绕有所感悟，于是写下这首颇具哲理意味的绝句。

开头一句以"莫言"二字发起，反驳了人们的一种普遍心理，即认为下山之后路就好走了。第二句中的"赚"字带有调侃意味，以口语化的表达，说明"下岭便无难"是一种主观臆断。为什么说是"错喜欢"呢？三、四句作出了解释。在"万山圈子里"，刚翻过一座山，马上又被另一座山阻拦；刚从这座山下来，又要开始攀爬另一座山。这一"放"一"拦"，用拟人手法让人从群山叠嶂的路途中寻到人生的况味：从放松下来，到意想不到又见上山路，继而疲惫、沮丧，于是心有所悟。

诗的内容朴实平易，却很有表现力。诗人善于捕捉日常生活中常见的现象，通过通俗生动的语言，阐发出一个朴素深刻的道理，即人们任何时候都不要低估前行道路上的困难，不要因为暂时的舒适而自我陶醉、放松警惕。这种富于理趣的诗意给人以很多联想与启迪。

骏马能历险，力田不如牛。

坚车能载重，渡河不如舟。

用什么人、用在什么岗位，一定要从工作需要出发，以事择人，不能简单把职位作为奖励干部的手段。"骏马能历险，力田不如牛。坚车能载重，渡河不如舟。"我们要树立强烈的人才意识，寻觅人才求贤若渴，发现人才如获至宝，举荐人才不拘一格，使用人才各尽其能。只有这样，才能使大批好干部源源不断涌现出来，才能使大家的聪明才智充分释放出来。

——《在全国组织工作会议上的讲话》（2013年
6月28日）

[延伸阅读]

　　用人得当，就要科学合理使用干部，也就是说要用当其时、用其所长。用什么人、用在什么岗位，一定要从工作需要出发，以事择人。尺有所短、寸有所长。习近平总书记引用"骏马能历险，力田不如牛。坚车能载重，渡河不如舟"这四句诗，正是为了说明选贤任能要用当其时、知人善用、人尽其才，把好干部及时发现出来、合理使用起来。

　　用人所长，天下无不可用之人；用人所短，天下无可用之人。现在，有的地方用干部，涉及具体人时，往往只看资历、看轮到谁了，论资排辈、平衡照顾，而不是看谁更优秀、更合适，用非所长，结果干部干得很吃力，问题堆了一大堆，工作也难以打开局面。习近平总书记还提到过这样一种值得注意的现象：在一个地方、一个单位，一个干部好不好，群众有公论，实践有比较，领导心里也明白，但在具体用人时，结果却与事业需要和群众期盼大相径庭。这与任人唯亲、任人唯利有关，也与平衡照顾、论资排辈有关。同样，要用其所长，也要容人所短。要辩证看待人的长处短处，而不能求全责备，甚至以个人好恶论长短。真正知人之长、用人之长，才能真正形成人人皆是人才、人人皆可成才、人才辈出的良好局面。

杂兴八首（之三）

〔清〕顾嗣协

骏马能历险，力田不如牛。

坚车能载重，渡河不如舟。

舍长以就短，智者难为谋。

生材贵适用，慎勿多苛求。

　　顾嗣协是清代康熙年间诗人，曾任新会（今广东省江门市辖区）县令。他在任时间不长，却因革弊立新、勤廉为民而深受百姓爱戴，后来不幸殉职。新会人为纪念他建了顾侯祠供人拜祭。他留下的诗文很多，其中最为人称道的就是这首哲理小诗。

　　前四句运用了两组对比，说明骏马能穿越艰难险阻，但论耕田却比不上牛；坚固的车子能负载重物，若论渡河就比不上船。后四句揭示道理，即任何事物都有利弊短长，人也如此，如果避长就短，再聪明的人也难以为谋，用人贵在用其所长、因材施用，切不可一味苛求。

　　这首诗言简意赅，说理形象，揭示了"尺有所短，寸有所长"的辩证法思想。用比喻手法阐明类似哲理的古诗句还有"梅须逊雪三分白，雪却输梅一段香"（卢梅坡《雪梅》其一）等。尾联是全诗的核心用意所在，阐明领导者的用人之道，即要知人善任、因事择人，对具体的人和事要进行具体分析，善于扬人之长、避人之短，使得人尽其才、才尽其用。诚如孙中山先生所言："人既尽其才，则百事俱举；百事举矣，则富强不足谋也。"

寄 壮 志

为有牺牲多壮志，敢教日月换新天。

　　一百年来，中国共产党团结带领中国人民，以"为有牺牲多壮志，敢教日月换新天"的大无畏气概，书写了中华民族几千年历史上最恢宏的史诗。这一百年来开辟的伟大道路、创造的伟大事业、取得的伟大成就，必将载入中华民族发展史册、人类文明发展史册！

　　——《在庆祝中国共产党成立 100 周年大会上的讲话》(2021 年 7 月 1 日)

习近平总书记强调："世界上没有哪个党像我们这样，遭遇过如此多的艰难险阻，经历过如此多的生死考验，付出过如此多的惨烈牺牲。"一寸山河一寸血，一抔热土一抔魂，经战火、历长征、驱日寇、破封锁、定乱局、斗洪水、抗地震、化危机、战疫情……我们党在斗争中诞生、在斗争中发展、在斗争中壮大，正是因为敢于斗争、善于斗争，我们才能在战胜困难中锤炼筋骨，在应对挑战中一往无前。在庆祝中国共产党成立100周年大会上，习近平总书记以毛泽东同志"为有牺牲多壮志，敢教日月换新天"这两句脍炙人口的诗，阐释百年非凡征程的艰辛与豪迈，展现中国共产党人大无畏的气概。

"征途漫漫，惟有奋斗。"正因为斗争伟大，更需要奋斗不息。今天，中华民族伟大复兴前景光明，但绝不是轻轻松松、敲锣打鼓就能实现的，我们面临的重大斗争不会少。迈步全面建设社会主义现代化国家新征程，实现第二个百年奋斗目标，需要我们接续奋斗、永久奋斗。越是接近我们的目标，就越是要激扬斗争精神、磨砺斗争意志、增强斗争本领。正如习近平总书记强调的，"我们通过奋斗，披荆斩棘，走过了万水千山。我们还要继续奋斗，勇往直前，创造更加灿烂的辉煌！"

[诗词释义]

七律·到韶山

毛泽东

别梦依稀咒逝川，故园三十二年前。

红旗卷起农奴戟，黑手高悬霸主鞭。

为有牺牲多壮志，敢教日月换新天。

喜看稻菽千重浪，遍地英雄下夕烟。

这首七律最初的题目叫"归故里"，毛泽东同志在诗的前面写有小引："一九五九年六月二十五日到韶山。离别这个地方已有三十二年了。"全诗既有历史也有现实，既有个人追忆也有集体记忆，既有眼前之景也有胸中之志，通过韶山这一个地方"窥一斑而见全豹"，照见无数英雄的呕心沥血，照见整个中国的天翻地覆。

首联表达了游子思乡之切，可谓魂牵梦绕。多少次梦回故乡，仿佛诅咒岁月飞逝，离开故乡转眼已有 32 年。颔联回顾韶山人民的革命历程，"红旗"与"黑手"，"农奴戟"与"霸主鞭"，形成一组鲜明而尖锐的对立，充分展现了革命之艰苦卓绝。然而，哪里有压迫，哪里就有反抗。韶山人民有"换新天"的壮志，所以不怕艰难险阻、不畏流血牺牲。他们用生命换来了革命胜利，令天下焕然一新。尾联由血雨腥风的革命场景转至眼前的丰收盛景，诗人欣喜地看到，大片庄稼在微风吹拂下如浪涛翻滚，遍地的农民英雄正踏着暮色炊烟收工归来。

这首诗有着深沉的历史感喟，有着豪迈的革命激情，反映出毛泽东同志对革命历史的深切缅怀与对社会主义建设的热情讴歌，"喜看"既有夺取革命胜利的自豪，又有取得建设成就的喜悦。"为有"二句更是承上启下，笔力遒劲，豪气冲天，激励后人继承先烈遗志，以昂扬的斗志建设新中国、开辟新天地。

大鹏一日同风起，扶摇直上九万里。

　　"大鹏一日同风起，扶摇直上九万里。"100年来，中国共产党秉持为中国人民谋幸福的初心、为中华民族谋复兴的使命，不畏艰难险阻，不惧流血牺牲，团结带领全国各族人民浴血奋斗、发愤图强、改革开放，中华民族迎来了从站起来、富起来到强起来的伟大飞跃。

　　——《在2021年春节团拜会上的讲话》(2021年2月10日)

[延伸阅读]

　　2021 年，中国共产党迎来百年华诞，这是一个重大而庄严的历史时刻。站在这个时间节点上抚今追昔，百年风雨兼程，百年苦难辉煌，这是中华民族几千年历史上最恢宏的史诗。在中国共产党的带领下，亿万人民同心同德、同向同行，向着中华民族伟大复兴持之以恒地奋斗。在 2021 年春节团拜会上，习近平总书记以"大鹏一日同风起，扶摇直上九万里"这气势磅礴的诗句，描绘中国共产党百年气壮山河的非凡征程，宣示中华民族伟大复兴不可阻挡、不可逆转。

　　在庆祝中国共产党成立 100 周年大会上，习近平总书记深刻总结："一百年来，中国共产党团结带领中国人民进行的一切奋斗、一切牺牲、一切创造，归结起来就是一个主题：实现中华民族伟大复兴。"一百年来，党领导人民浴血奋战、百折不挠，创造了新民主主义革命的伟大成就；自力更生、发愤图强，创造了社会主义革命和建设的伟大成就；解放思想、锐意进取，创造了改革开放和社会主义现代化建设的伟大成就；自信自强、守正创新，创造了新时代中国特色社会主义的伟大成就。党和人民百年奋斗，书写了中华民族几千年历史上最恢宏的史诗。一百年前，中华民族呈现在世界面前的是一派衰败凋零的景象。今天，中华民族向世界展现的是一派欣欣向荣的气象，正以不可阻挡的步伐迈向伟大复兴。

上 李 邕

〔唐〕李白

大鹏一日同风起，扶摇直上九万里。

假令风歇时下来，犹能簸却沧溟水。

世人见我恒殊调，闻余大言皆冷笑。

宣父犹能畏后生，丈夫未可轻年少。

  "大鹏一日同风起，扶摇直上九万里"这两句诗出自李白的七律《上李邕》，意思是大鹏总有一天会乘风飞起，盘旋直上九天云外。李白年轻时，谒见大名士李邕，因不拘流俗、高谈阔论，使李邕不悦。李白写下此诗表白自己的人生志趣。

  大鹏是《庄子·逍遥游》中的神鸟，"其翼若垂天之云"，能"水击三千里，抟扶摇而上者九万里"。因为极具冲击力与感染力，庄子的大鹏成为一个经典的意象，反复出现在中国的古诗文中。李白尤其欣赏大鹏的自由、雄奇，每每加以化用，如"溟海不震荡，何由纵鹏鲲""大鹏飞兮振八裔"，还曾作有一篇《大鹏赋》。在这首诗中李白也自比大鹏，首联写风起鹏飞，颔联夸张大鹏的神力，即使风歇落下时，它的大翅膀也能在沧海掀起狂澜。前四句诗以雄奇瑰丽的象征性笔法勾勒出一个具有超凡能力的旷世英雄形象，表现出青年李白的满腔豪情和凌云志向。

后四句是对李邕表明自己的人格理想。"殊调""大言"指不同寻常、自命不凡的言论。李白的此种言论常常得不到世人理解，换来的往往是冷眼与嘲笑。他希望李邕不要像俗人一样一般见识，于是，尾联就举孔子之言表达期待。唐太宗时诏尊孔子为"宣父"。《论语》有言："子曰：后生可畏，焉知来者之不如今也？"最后一联意为圣人尚且觉得后生可畏，有作为的人不应该轻视年轻人！桀骜之气跃然纸上。

"大鹏一日同风起，扶摇直上九万里"，后人多用于表现有志者目标高远、奋发图强，也用以比喻事业突飞猛进、前程远大，成语"鹏程万里"可概括此义。

不破楼兰终不还。

今年我国发展面临的风险挑战上升，再叠加这次疫情影响，做好经济社会发展工作难度更大。要以"咬定青山不放松"的韧劲、"不破楼兰终不还"的拼劲，沉下心来、扑下身子，坚持问题导向，分层级理清影响落实的问题，一个一个去解决，把工作落到实处。

——《在统筹推进新冠肺炎疫情防控和经济社会发展工作部署会议上的讲话》(2020 年 2 月 23 日)

[延伸阅读]

　　2020年，新冠肺炎疫情突如其来，中国人民进行了一场惊心动魄的抗疫大战，经受了一场艰苦卓绝的历史大考。在伟大的抗疫斗争中，习近平总书记突出强调人民至上、生命至上，时刻牵挂着人民、牵挂着患者，时刻关注着疫情发展、指挥着战疫进展。在疫情防控最吃紧的关键阶段，习近平总书记主持召开统筹推进新冠肺炎疫情防控和经济社会发展工作部署会议。会上，习近平总书记以"咬定青山不放松"和"不破楼兰终不还"勉励全党全国要坚定必胜信念，咬紧牙关，继续毫不放松抓紧抓实抓细各项防控工作，不获全胜决不轻言成功。

　　从取得抗击新冠肺炎疫情斗争重大战略成果，到成为疫情发生后第一个恢复增长的主要经济体，中国人民付出了巨大努力，创造了人类同疾病斗争史上又一个英勇壮举。面向未来，我们踏上全面建设社会主义现代化国家新征程，前进道路上面临的风险考验只会越来越复杂，甚至会遇到难以想象的惊涛骇浪。但一个民族之所以伟大，根本就在于在任何困难和风险面前都从来不放弃、不退缩、不止步，百折不挠地为自己的前途命运而奋斗。只要保持这样的韧劲拼劲闯劲干劲，就没有什么困难不能克服、没有什么敌人不能战胜，在复兴之路上闯关夺隘、一往无前。

[诗词释义]

从军行七首（其四）

〔唐〕王昌龄

青海长云暗雪山，孤城遥望玉门关。
黄沙百战穿金甲，不破楼兰终不还。

　　《从军行》是盛唐著名边塞诗人王昌龄采用乐府旧题写的组诗，共有七首，这是第四首，抒写了戍边将士艰苦卓绝的战争环境与抗敌报国的豪情壮志。

　　开篇以高度浓缩的笔墨描绘出壮阔苍凉的边塞长卷。青海湖上长云密布，遮蔽了雪山；在河西走廊的荒漠中，一座孤城与玉门关遥遥相对。作者以宏大的"视角"，写出了边塞全景。当时唐军和吐蕃在青海多次交战，玉门关外属于突厥的势力范围，可见"孤城"实为唐朝、吐蕃、突厥势力交汇的军事要地，这就是戍边将士战斗和生活的环境。前两句给戍边将士的出场做了浓墨重彩的铺垫：既有青海、玉门关这类容易勾起边塞风物联想的地名，也有长云、雪山、孤城这样苍凉的意象，衬托出将士们的复杂心境。

　　后两句由写景转入写景中之人。"黄沙"凸显了西北战场的荒凉特征，"百战"揭示了战事之频繁、戍边之久长，"穿金甲"则刻画出战斗之艰苦、残酷。然而，即使铠甲磨穿，将士们也誓言"不破楼兰终不还"，表现了不打败敌人绝不回家的英雄气概。"楼兰"是汉代西域小国，位于罗布泊西部。据《汉书》记载，楼兰与匈奴联合，杀汉使，劫财物，傅介子主动请缨出使西域，并用计斩杀了楼兰王。此诗借用这一典故，表明将士誓平边患的决心。

当惊世界殊。

　　70 年来，中国人民发愤图强、艰苦创业，创造了"当惊世界殊"的发展成就，千百年来困扰中华民族的绝对贫困问题即将历史性地划上句号，书写了人类发展史上的伟大传奇！

　　——《在庆祝中华人民共和国成立 70 周年招待会上的讲话》(2019 年 9 月 30 日)

70 载沧桑巨变，70 载壮丽征程。2019 年 10 月 1 日，中华人民共和国迎来 70 华诞。70 年在人类历史长河中只是弹指一挥间，但对中国人民和中华民族来讲，这是沧桑巨变、换了人间的 70 年。中华民族迎来了从站起来、富起来到强起来的伟大飞跃，迎来了实现伟大复兴的光明前景。回望 70 年辉煌历程，习近平总书记以"当惊世界殊"这一豪迈诗句，礼赞新中国 70 年来史诗般的进步。

在总结新中国发展成就时，习近平总书记强调这 70 年我们创造了"两大奇迹"——经济快速发展奇迹和社会长期稳定奇迹。发展与稳定，互相促进、互为因果，共同书写了 70 年发展的"中国奇迹"。从历史的维度看，这 70 年让一个东方文明古国走上现代化的进程，创造了中华民族从沉沦而奋起、由苦难而辉煌的命运转折。从世界的维度看，这 70 年让一个曾经落后的国家赶上了时代潮流，重新书写了世界格局的版图，深刻影响着人类历史的进程。无论是在中华民族的历史上，还是在世界历史上，这都是一部感天动地的奋斗史诗。我们相信：中国的昨天已经写在人类的史册上，中国的今天正在亿万人民手中创造，中国的明天必将更加美好。

[诗词释义]

水调歌头·游泳

毛泽东

才饮长沙水，又食武昌鱼。万里长江横渡，极目楚天舒。不管风吹浪打，胜似闲庭信步，今日得宽余。子在川上曰：逝者如斯夫！

风樯动，龟蛇静，起宏图。一桥飞架南北，天堑变通途。更立西江石壁，截断巫山云雨，高峡出平湖。神女应无恙，当惊世界殊。

这首词是 1956 年毛泽东同志在武汉畅游长江时所作，描绘了新中国成立以来国家发展、山河巨变的喜人景象，勾勒了社会主义建设的光明前景，展现了革命浪漫主义的豪迈气概。

这首词写于武汉，却从长沙起笔。"才""又"二字，显示出在时间和空间上的紧密衔接，点出了诗人的行踪，也表达了畅快的心情。长沙有白沙古井，武昌则渔产丰富，"饮水""食鱼"，写出了长沙与武昌的特点，也道出了人民的安定生活。三至七句转入正题写游泳，有"楚天舒"的目之所见，也有"得宽余"的心之所感。上片结句直接引用《论语·子罕》中的成句，却一扫原文的悲凉感叹之气：时光流水一样消逝，过去已去，未来将来，今天的中国正蓬勃向上。这让人感受到，面对风吹浪打仍能闲庭信步的，不仅是诗人，更是年轻的新中国。

下片承临川之叹，为长江两岸擘画未来宏图。江上风吹千帆齐动，两岸龟山、蛇山静立，在一"动"一"静"的自然景色烘托下，一句"起宏图"气壮山河、锐不可当，由眼前景象顺势引入未来景象。"一桥"两句先从正在修建的武汉长江大桥入手，"飞"字显示出大桥兴建的速度之快与凌空架起的雄奇之势，"天堑变通途"道出建设大桥的伟大意义。"更立"三句继续描绘"宏图"，要在长江西边建立大坝蓄水发电，将巫山多雨造成的洪水截留，让高峡间的汹涌江面变成平坦大湖。结尾两句借用巫山神女的神话传说，那神女应当还健在，当她看见发生巨变的今日中国，必定会惊叹不已。

自信人生二百年，会当水击三千里。

奋斗是青春最亮丽的底色。"自信人生二百年，会当水击三千里。"民族复兴的使命要靠奋斗来实现，人生理想的风帆要靠奋斗来扬起。没有广大人民特别是一代代青年前赴后继、艰苦卓绝的接续奋斗，就没有中国特色社会主义新时代的今天，更不会有实现中华民族伟大复兴的明天。千百年来，中华民族历经苦难，但没有任何一次苦难能够打垮我们，最后都推动了我们民族精神、意志、力量的一次次升华。今天，我们的生活条件好了，但奋斗精神一点都不能少，中国青年永久奋斗的好传统一点都不能丢。

——《在纪念五四运动100周年大会上的讲话》

（2019年4月30日）

[延伸阅读]

　　1919 年 5 月 4 日，中国爆发了震惊中外的五四运动。这一中国近现代史上具有划时代意义的重大事件，是一场伟大爱国革命运动、伟大社会革命运动、伟大思想启蒙运动和新文化运动，以磅礴之力鼓动了中国人民和中华民族实现民族复兴的志向和信心。五四运动以来，中国青年一代又一代接续奋斗、凯歌前行，用青春之我创造青春之中国、青春之民族。在纪念五四运动 100 周年大会上，习近平总书记寄语新时代中国青年要树立远大理想、热爱伟大祖国、担当时代责任、勇于砥砺奋斗、练就过硬本领、锤炼品德修为。他用"自信人生二百年，会当水击三千里"这两句豪情万丈的诗，勉励青年为民族复兴的伟大梦想而奋斗。

　　未来属于青年，希望寄予青年。建设社会主义现代化强国，实现中华民族伟大复兴，是一项长期任务，需要一代又一代人接续奋斗。习近平总书记在党的二十大报告中强调："广大青年要坚定不移听党话、跟党走，怀抱梦想又脚踏实地，敢想敢为又善作善成，立志做有理想、敢担当、能吃苦、肯奋斗的新时代好青年，让青春在全面建设社会主义现代化国家的火热实践中绽放绚丽之花。"复兴之路不是坦途，必然会有艰巨繁重的任务，必然会有艰难险阻甚至惊涛骇浪，特别需要发扬艰苦奋斗精神。做好每件小事、完成每个任务、履行每项职责，广大青年一定能与时代共成长，在国家社会前行的脚步中找到自己的人生坐标。

[诗词释义]

七古（残句）

毛泽东

自信人生二百年，会当水击三千里。

毛泽东同志一生酷爱游泳，大江大河大海中，都曾留下他搏击风浪的身影。早在湖南第一师范学校就读时，他就常去湘江游泳，常以中流击水为乐，并因此吟诗赋词，抒情言志。这两句诗便是那时吟咏的。毛泽东同志在 1958 年出版的《毛泽东诗词十九首》书眉上批注道："击水：游泳。那时初学，盛夏水涨，几死者数。一群人终于坚持，直到隆冬，犹在江中。当时有一篇诗，都忘记了，只记得两句：'自信人生二百年，会当水击三千里。'"

这两句诗所表达的意思是：我自信人生会有二百年，那自然要游泳三千里！古语常说"人生百年"，"自信人生二百年"并非真的以为人能活二百年，诗人意欲催人奋进，珍惜光阴，将一百年的长度活出两百年的价值。"会当水击三千里"，语出《庄子·逍遥游》中的"鹏之徙于南冥也，水击三千里，抟扶摇而上者九万里，去以六月息者也"。此处引用意在抒发不畏艰难险阻、定要施展鲲鹏之志的壮心豪情。这两句虽是残篇，但铿锵有力，大气磅礴，特别是"二百年""三千里"，极具张力，展示出毛泽东同志青春年少时就具有宏伟的人生目标和豪迈的英雄气概。

九万里风鹏正举。

四十载惊涛拍岸，九万里风鹏正举。江河之所以能冲开绝壁夺隘而出，是因其积聚了千里奔涌、万壑归流的洪荒伟力。在近代以来漫长的历史进程中，中国人民经历了太多太多的磨难，付出了太多太多的牺牲，进行了太多太多的拼搏。现在，中国人民和中华民族在历史进程中积累的强大能量已经充分爆发出来了，为实现中华民族伟大复兴提供了势不可挡的磅礴力量。

——《在庆祝改革开放 40 周年大会上的讲话》

(2018 年 12 月 18 日)

[延伸阅读]

　　1978 年 12 月 18 日，在中华民族历史上，在中国共产党历史上，在中华人民共和国历史上，都是载入史册的重要日子。这一天，我们党召开十一届三中全会，实现新中国成立以来党的历史上具有深远意义的伟大转折，开启了改革开放和社会主义现代化建设的伟大征程。40 多年来，从开启新时期到跨入新世纪，从站上新起点到进入新时代，我们党引领人民绘就了一幅波澜壮阔、气势恢宏的历史画卷，谱写了一曲感天动地、气壮山河的奋斗赞歌，改革开放成为当代中国最显著的特征、最壮丽的景象。

　　在庆祝改革开放 40 周年大会上，习近平总书记以"九万里风鹏正举"这一豪迈的词句，宣示中华民族走向伟大复兴的历史大势。"河出潼关，因有太华抵抗，而水力益增其奔猛；风回三峡，因有巫山为隔，而风力益增其怒号。"正是因为经历了太多磨难、付出了太多牺牲、进行了太多拼搏，所以中国人民和中华民族积累了更强大的能量。中华民族伟大复兴的历程，必然贯穿着伟大斗争。但中华民族有着同一切困难斗争到底的气概，有着自力更生、光复旧物的决心，有着屹立于世界民族之林的底气。一切艰难险阻，都只会增加我们不断前进的动力和势能！历史将证明，没有任何力量可以阻挡中国人民和中华民族前进的步伐！

[诗词释义]

渔 家 傲

〔宋〕李清照

天接云涛连晓雾，星河欲转千帆舞。仿佛梦魂归帝所。闻天语，殷勤问我归何处。

我报路长嗟日暮，学诗谩有惊人句。九万里风鹏正举。风休住，蓬舟吹取三山去！

这是一首记梦词，是李清照一首著名的豪放词。这首词寓生活境遇于梦境，既有梦幻又有现实，既有理想又有神话，想象恢宏，意境阔大，与其一贯的婉约词风迥异。

词一开篇便呈现出瑰丽缥缈的仙境景象。天空、云涛、晨雾浑然相连，涌动弥漫，词人乘船邀游其间，看见广阔星河随风转动，无数船只舞动风帆。云雾相接，星河浩瀚，一个"转"字，一个"舞"字，写出了梦境的缥缈眩晕之感，也象征着词人漂泊天涯、历尽艰险的生活困境。上片末三句点明是梦境，恍惚间梦魂仿佛回到天庭，听到有声音从空中传来，问我要去往何方。这充满关怀的"帝所"正是天涯孤旅渴望停靠的幸福彼岸。

下片开头即回应上片的"天语"。"我"回报天帝路途漫长，现已黄昏却仍未到达，虽满腹诗才，却空无一用。"谩有"即"空有"。"路长""日暮"则化用屈原《离骚》"路漫漫其修远兮，吾将上下而求索"和"欲少留此灵琐兮，日忽忽其将暮"之意，反映出毕生求索而不得出路的愤懑心境。"九万里风鹏正举"，语出《庄子·逍遥游》中"抟扶摇而上者九万里"，借此表达要像大鹏那样乘风万里展翅高飞。词人豪迈地命令风不要停息，赶紧鼓荡起我的船帆，把我带到蓬莱仙山去，至此对"归何处"作出回答。这一问一答间寄托了词人对自由的渴望、对理想的坚守，表现出豪放不羁的恢宏气度。

江山留胜迹，我辈复登临。

　　"江山留胜迹，我辈复登临。"伟大的时代呼唤伟大的
文学家、艺术家。广大文艺工作者要牢记使命、牢记职责，
不忘初心、继续前进，同党和人民一道，努力筑就中华民
族伟大复兴时代的文艺高峰！

　　　　——《在中国文联十大、中国作协九大开幕式上
　　　　的讲话》(2016 年 11 月 30 日)

[延伸阅读]

　　"盖有非常之功，必待非常之人。"改革开放 40 周年，新中国成立 70 周年，中国共产党成立 100 周年；脱贫攻坚战取得全面胜利，全面建成小康社会，开启全面建设社会主义现代化国家新征程……一个个时间节点，一个个重大事件，标注着我们走过的路。伟大梦想激荡人心，伟大事业前程远大，伟大斗争波澜壮阔，这是一部感天动地的奋斗史诗，需要我们去记录、去书写。可以说，文艺创作拥有无比广阔的空间、无比澎湃的动能，文艺工作者要努力写出我们这个时代的扛鼎之作、传世之作、不朽之作。

　　在中国文联十大、中国作协九大开幕式上，习近平总书记在讲话的最后，以"江山留胜迹，我辈复登临"这两句诗勉励文艺工作者努力筑就中华民族伟大复兴时代的文艺高峰。文艺作品的艺术性、思想性、价值取向，总是通过文学家、艺术家对历史、时代、社会、生活、人物等方方面面的把握来体现。中国不乏生动的故事，关键要有讲好故事的能力；中国不乏史诗般的实践，关键要有创作史诗的雄心。正所谓"天是世界的天，地是中国的地"，只有眼睛向着人类最先进的方面注目，同时真诚直面当下中国人的生存现实，我们才能为人类提供中国经验，我们这个时代的中国文学家、艺术家才能创作出无愧于我们这个伟大时代、无愧于我们这个伟大国家、无愧于我们这个伟大民族的优秀作品。

［诗词释义］

与诸子登岘首

〔唐〕孟浩然

人事有代谢，往来成古今。
江山留胜迹，我辈复登临。
水落鱼梁浅，天寒梦泽深。
羊公碑尚在，读罢泪沾襟。

　　孟浩然大半生隐居在今湖北襄阳城南的岘（首）山附近。据《晋书·羊祜传》记载，西晋名将羊祜坐镇襄阳时，常到岘山置酒言咏。有一次他对同游者叹道："自有宇宙，便有此山，由来贤者胜士，登此远望如我与卿者，皆湮灭无闻，使人悲伤！"羊祜死后，百姓感念其德，遂于岘山立庙树碑，"望其碑者，莫不流涕"，为此羊公碑也称"堕泪碑"。这首诗是诗人与朋友登临岘山时写下的吊古伤今之作。

　　首联揭示了一个朴素的真理：世间人事不停地交替变化，岁月更迭，兴衰往复，形成了从古到今的历史。叙事之诗，却从抽象哲理起笔，可谓奇绝。也正是首联的沧桑，奠定了全诗怅惘、沉郁的主基调，贯穿下文登临所见。额联是说江山各处都有前人留下的古迹，如今轮到我们这代人游览。特指当年羊祜登临此山并留下嗟叹，此刻"我辈"再次登临，深有同感。正值天寒水枯

225

时节，登山远眺，只见襄阳汉水上游的鱼梁洲露出江面，荆襄南北的云梦泽迷蒙幽远。一"浅"，是写实，状可见之景；一"深"，是写意，状不可见之景。此联的萧瑟景象与此刻心境正相吻合。尾联一个"尚"字，从反面照应首联诗意，虽然"人事有代谢"，但总有人和事，如羊祜与羊公碑一样，流芳千古。诗人"泪沾襟"，既是感叹羊祜的事迹德行留存至今，也是感叹自己碌碌无为，难免会湮没无闻。

借古抒怀，"江山留胜迹，我辈复登临"也用以激励人要创造无愧于历史、时代和后世的功业，将历史的接力棒代代传递下去。

祖国安危人有责，冲天壮志付飞鹏。

1886 年 12 月 1 日，朱德同志出生在四川省仪陇县一个贫苦佃农家庭。那时的中国，正处于半殖民地半封建社会，中国人民遭受着前所未有的苦难。朱德同志和无数仁人志士一样，苦苦思索和探求救国救民的道路。早在青年时期，他就表达了"祖国安危人有责，冲天壮志付飞鹏"的远大志向。1909 年，他离开家乡远赴昆明云南陆军讲武堂求学前，又立下"志士恨无穷，孤身走西东。投笔从戎去，刷新旧国风"的誓言。他加入孙中山先生领导的同盟会，积极投身于推翻清朝封建统治的辛亥革命，参加了护国战争和护法战争，成为滇军名将。

——《在纪念朱德同志诞辰 130 周年座谈会上的
讲话》(2016 年 11 月 29 日)

[延伸阅读]

一百年来，一代又一代共产党人团结带领全国各族人民接续奋斗，使中华民族走出了近代以来前所未有的苦难，迎来了从站起来、富起来到强起来的伟大飞跃，实现中华民族伟大复兴进入了不可逆转的历史进程。朱德同志就是这些共产党人的杰出代表，是我国民族英雄璀璨群星中的一颗巨星。在纪念朱德同志诞辰130周年座谈会上，习近平总书记引用朱德同志年轻时写下的"祖国安危人有责，冲天壮志付飞鹏"，展现朱德同志的远大志向。

百年征程波澜壮阔，百年初心历久弥坚。从上海石库门到嘉兴南湖，一艘小小红船承载着人民的重托、民族的希望，越过急流险滩，穿过惊涛骇浪，成为领航中国行稳致远的巍巍巨轮。从建党的开天辟地，到新中国成立的改天换地，到改革开放的翻天覆地，再到党的十八大以来党和国家事业取得历史性成就、发生历史性变革，根本原因就在于我们党始终坚守了为中国人民谋幸福、为中华民族谋复兴的初心和使命。老一辈革命家在山河破碎之时挺身而出，在枪林弹雨之中出生入死，以他们一生对理想信念的执着追求和坚守为我们树立了光辉的榜样。面向未来，不管有多少风霜雪雨、激流险滩，我们应该有走向民族复兴的雄心壮志，永远保持不畏艰险、锐意进取的奋斗韧劲，在全面建设社会主义现代化国家新征程上奋勇前进。

[诗词释义]

顺庆府中学堂留别

朱　德

骊歌一曲思无穷，今古兴亡忆记中。
污吏岂知清似水，书生便应气如虹。
恨他狼虎贪心黑，叹我河山泣泪红。
祖国安危人有责，冲天壮志付飞鹏。

2007 年由中央文献研究室编辑出版的《朱德诗词集（新编本)》，精选收录了朱德同志的 550 首诗词。其中，1906 年底朱德离别顺庆府中学堂到成都求学之前，赠与同窗好友的这首留别之作，是收录的第一首诗。

起句以"骊歌"开篇，点明题旨"留别"。"骊歌"由《骊驹》而来。《骊驹》是《诗经》没有收入的一首逸诗的篇名，据《大戴礼记》记载，这是客人告别时所唱的歌，其辞曰："骊驹在门，仆夫具存；骊驹在路，仆夫整驾。"后来人们把有关离别的诗或歌称为"骊歌"。与同窗好友离别，20 岁的朱德同志首先想到的不是自己的前途命运，而是古今历史的兴亡更替，从中可见其心怀国家的博大情怀。

中间两联痛诉了污吏不知清廉、反动阶级如狼似虎"贪心黑"的丑恶现实，道出了书生应该"气如虹"、让祖国河山不再"泣泪红"

的热切期盼。

尾联的"祖国安危人有责"化用顾炎武的"天下兴亡，匹夫有责"；"冲天壮志付飞鹏"则取自《庄子·逍遥游》中"鹏之背，不知其几千里也；怒而飞，其翼若垂天之云"。诗人以"飞鹏"自喻，与同窗互勉，显现出诗人以天下为己任的远大抱负。这一"冲天壮志"在与朱德同志同时代的伟人早期诗作中亦有反映。比如毛泽东同志 17 岁时明志"孩儿立志出乡关，学不成名誓不还"；周恩来同志 19 岁时写出"面壁十年图破壁，难酬蹈海亦英雄"。真可谓时势造英雄，豪情荡九霄！

弄潮儿向涛头立。手把红旗旗不湿。

这几天，正值钱塘江大潮，"弄潮儿向涛头立。手把红旗旗不湿。"我同各位一样，期待着二十国集团勇做世界经济的弄潮儿。相信在各方一道努力下，杭州峰会一定能够取得成功！

——《中国发展新起点　全球增长新蓝图——在二十国集团工商峰会开幕式上的主旨演讲》

(2016 年 9 月 3 日)

[延伸阅读]

2016 年金秋，二十国集团领导人齐聚杭州，G20 迎来"中国时刻"。G20 杭州峰会，第一次把发展问题置于全球宏观政策框架的突出位置，第一次就落实联合国 2030 年可持续发展议程制订行动计划，第一次集体支持非洲和最不发达国家工业化，这三个"第一次"，具有开创性意义。习近平主席在二十国集团工商峰会的开幕式上，以钱塘江大潮引出"弄潮儿向涛头立。手把红旗旗不湿"的词句，彰显对二十国集团勇做世界经济弄潮儿的期待。

2008 年 11 月，在国际金融危机最紧要关头，二十国集团临危受命，秉持同舟共济的伙伴精神，把正在滑向悬崖的世界经济拉回到稳定和复苏轨道。这是一次创举，团结战胜了分歧，共赢取代了私利。这场危机，让人们记住了二十国集团，也确立了二十国集团峰会作为国际经济合作主要论坛的地位。在杭州峰会上，习近平主席倡议，二十国集团要建设创新型世界经济，开辟增长源泉；建设开放型世界经济，拓展发展空间；建设联动型世界经济，凝聚互动合力；建设包容型世界经济，夯实共赢基础，推动世界经济走上强劲、可持续、平衡、包容增长之路。集众智、聚合力，以杭州为新起点，G20 引领世界经济的航船，从钱塘江畔再次扬帆启航，驶向更加广阔的大海！

酒泉子

〔宋〕潘阆

长忆观潮，满郭人争江上望。来疑沧海尽成空，万面鼓声中。

弄潮儿向涛头立。手把红旗旗不湿。别来几向梦中看，梦觉尚心寒。

潘阆是宋初著名隐士，诗风类孟郊、贾岛，亦工词，今仅存《酒泉子》十首，其中这一首写得最好。这首词以遒劲的笔力，描绘了钱塘江涌潮的雄奇景象，赞颂了弄潮儿不畏狂潮、与自然相拥的英勇精神。

上阕以"长忆"领起全词，回忆钱塘观潮的盛况。词人曾流浪到余杭，见过钱塘江涨潮，以至于频繁入梦。起首两句写杭州人倾城而出观潮的场景。"争""望"传达出人们渴望观潮的迫切心情，为潮水的到来做足铺垫，一场汹涌的大潮蓄势待发。接下来运用夸张、比喻的手法，表现潮水涌来时排山倒海的壮观气势，潮涌之大，好像沧海之水尽皆倾泻而来；潮声之巨，像万面大鼓齐齐敲响。开阖纵横的文字将钱塘大潮渲染得声势浩荡，惊险奇绝。

下阕的过片刻画弄潮的情景。"弄潮儿"是指水性高超的执旗泅水者，以搏击潮水而旗不湿为能。只见他们挺立潮头，在惊涛骇浪中出没，手中的红旗始终没被潮水打湿。词人通过白描笔法，传神地刻画出弄潮儿的矫健英姿，表现出他们的无畏精神和豪迈气概。结拍"别来几向梦中看"照应首句"长忆观潮"，通过自身的体验，侧写大潮的惊心动魄：哪怕是梦中见到，醒来时也觉心惊胆寒。"弄潮儿向涛头立。手把红旗旗不湿。"后人多用这两句词歌颂不畏艰险、奋勇拼搏的斗士，"弄潮儿"则泛指那些勇于进取、敢为人先、站在时代前列的人。

天地英雄气，千秋尚凛然。

"天地英雄气，千秋尚凛然。"一个有希望的民族不能没有英雄，一个有前途的国家不能没有先锋。包括抗战英雄在内的一切民族英雄，都是中华民族的脊梁，他们的事迹和精神都是激励我们前行的强大力量。

——《在颁发"中国人民抗日战争胜利70周年"
纪念章仪式上的讲话》(2015年9月2日)

[延伸阅读]

天下艰难际，时势造英雄。在艰苦卓绝的抗日战争中，全体中华儿女为国家生存而战、为民族复兴而战、为人类正义而战，社会动员之广泛，民族觉醒之深刻，战斗意志之顽强，必胜信念之坚定，都达到了空前的高度。千千万万抗日将士以铮铮铁骨战强敌、以血肉之躯筑长城、以前仆后继赴国难，谱写了惊天地、泣鬼神的英雄史诗。从杨靖宇、赵尚志、左权、彭雪枫，到佟麟阁、赵登禹、张自忠、戴安澜，再到八路军"狼牙山五壮士"、新四军"刘老庄连"、东北抗联八位女战士、国民党军"八百壮士"……历史将永远铭记他们！

2015 年 9 月 2 日，抗战胜利 70 周年之际，习近平总书记为抗战老战士老同志、抗战将领，为帮助和支持中国抗战的国际友人或其遗属代表颁发了"中国人民抗日战争胜利 70 周年"纪念章。他以"天地英雄气，千秋尚凛然"这两句诗，表达对抗战英雄的崇敬，宣示中国人民铭记历史、缅怀先烈、珍爱和平、开创未来的坚定决心。崇尚英雄才会产生英雄，争做英雄才能英雄辈出。在前进道路上，我们仍然会面临各种各样的风险挑战，会遇到各种各样的荆棘坎坷。我们要弘扬伟大抗战精神，以压倒一切困难而不为困难所压倒的决心和勇气，敢于斗争，善于创造，锲而不舍为实现中华民族伟大复兴而奋斗，直至取得最后的胜利。

[诗词释义]

蜀先主庙

〔唐〕刘禹锡

天地英雄气，千秋尚凛然。

势分三足鼎，业复五铢钱。

得相能开国，生儿不象贤。

凄凉蜀故妓，来舞魏宫前。

这首咏史诗是刘禹锡被贬任夔州（今重庆奉节）刺史时所作。蜀先主即刘备。全诗赞扬了刘备的功业，同时慨叹蜀汉事业后继乏人，总结了蜀汉亡国的历史教训。

"天地英雄气，千秋尚凛然"，起笔大气磅礴，境界宏阔。"天地英雄"化用曹操对刘备语："今天下英雄，惟使君与操耳。"（《三国志·蜀书·先主传》）"天地""千秋"从时空两个维度极写刘备的"英雄气"横达四方、纵贯古今。"尚凛然"三字，写出了诗人瞻仰刘备遗像时油然而生的切身感受，直陈其英雄豪气千古不灭，令人肃然起敬。首联直抒胸臆，从虚处落笔，引出下联从具体历史事实的描述，来展现他的英雄气概。

颔联赞颂刘备的英雄业绩，三分天下建立蜀国，奠定基业；恢复汉武帝时的"五铢钱"，志在光复汉室。颈联指出刘备功业未成的原因，虽然他长于择相任贤，但却短于教子。后主刘禅不

237

能效法圣贤的君主，将蜀国基业葬送。尾联嗟叹后主不肖亡国。魏太尉司马昭招降刘禅后，一日宴请他时，让原来蜀宫的歌伎表演歌舞，刘禅却毫无感伤，乐不思蜀，足见其愚昧麻木之甚。

这首诗前两联写盛德，后两联主要写衰败，通过鲜明的盛衰对比，揭示了一个深刻的历史教训：创业难，守业更难。联系诗人所处的时代，诗人应该是有感而发，以此精警之诗垂诫当世。

雄关漫道真如铁。

人间正道是沧桑。

长风破浪会有时。

　　中华民族的昨天，可以说是"雄关漫道真如铁"。近代以后，中华民族遭受的苦难之重、付出的牺牲之大，在世界历史上都是罕见的。但是，中国人民从不屈服，不断奋起抗争，终于掌握了自己的命运，开始了建设自己国家的伟大进程，充分展示了以爱国主义为核心的伟大民族精神。中华民族的今天，正可谓"人间正道是沧桑"。改革开放以来，我们总结历史经验，不断艰辛探索，终于找到了实现中华民族伟大复兴的正确道路，取得了举世瞩目的成果。这条道路就是中国特色社会主义。中华民族的明天，可以说是"长风破浪会有时"。

　　　　　　——《参观〈复兴之路〉展览时的讲话》(2012 年
11 月 29 日)

[延伸阅读]

　　习近平总书记在参观《复兴之路》展览时的讲话中，以"雄关漫道真如铁""人间正道是沧桑""长风破浪会有时"三句诗，概括中华民族的昨天、今天、明天，展现宏大的历史视野，彰显对中华民族伟大复兴无比强大的信心。在中国国家博物馆这一极具象征意义的地方，习近平总书记首次向世界宣示"中国梦"——"实现中华民族伟大复兴，就是中华民族近代以来最伟大的梦想"。民族复兴的中国梦，激荡中华儿女的心田，鼓舞亿万人民的斗志，成为中华民族共同的追求。

　　环顾世界，很少有哪个民族像中华民族这样，历经苦难与辉煌；也很少有哪个国家像中国这样，在持续奋斗中始终坚持着同一个梦想。正如习近平总书记所说的，"在近代以来漫长的历史进程中，中国人民经历了太多太多的磨难，付出了太多太多的牺牲，进行了太多太多的拼搏"。曾经中原陆沉、神州板荡，曾经前赴后继、毁家纾难，曾经艰辛探索、激情燃烧，也曾经万里长风、大潮澎湃。今天，中国特色社会主义进入新时代，我们踏上全面建设社会主义现代化国家新征程，向着第二个百年奋斗目标迈进，中华民族迎来了从站起来、富起来到强起来的伟大飞跃，实现中华民族伟大复兴进入了不可逆转的历史进程。神州大地自信自强、充满韧劲，一派只争朝夕、生机勃勃的景象，中华民族正以不可阻挡的步伐迈向伟大复兴。

[诗词释义]

忆秦娥·娄山关

毛泽东

西风烈，长空雁叫霜晨月。霜晨月，马蹄声碎，喇叭声咽。

雄关漫道真如铁，而今迈步从头越。从头越，苍山如海，残阳如血。

这首词是毛泽东同志 1935 年在娄山关战役胜利后所作。娄山关位于贵州遵义北，是四川与贵州交通要道上的重要关口，地势极为险要，可称为红军长征途中的天险，此处发生的战役关系红军的生死存亡。

上阕写作战的时间和环境。前两句运用"西风""长空""雁""霜""晨月"等诸多意象营造了寒冬凌晨阴沉冷峻的氛围。后两句通过"马蹄"和"喇叭"的声音间接表现红军行动的迅捷和战斗的激烈。"烈""叫""碎""咽"都是作者当时心境的投射，无论看到的还是听到的，无不是沉郁苍凉。

下阕笔锋一转，基调由抑转扬，起笔雄浑激昂。"雄关"，即娄山关；"漫道"，同"莫道"；"真如铁"，突出了红军闯关的艰难。不要说雄关坚如钢铁、难以逾越，而今我们要从头开始征服它。这里既暗指当时战略任务受挫，要对长征计划从头再做部署的深意，同时彰显了藐视艰辛的豪迈情怀和夺取胜利的坚定信心，反映出一代伟人的乐观主义精神和指挥若定的大将气度。傍晚终于占领雄关，诗人伫立于娄山关之巅，苍茫的群山层层叠叠，如波涛起伏的大海；夕阳将尽，霞光鲜红如血。诗人将革命斗志融入眼前这样壮丽的景象之中，令人向往，令人怀想，令人奋起！正可谓慷慨英雄气、贯通寰宇间！

"人间正道是沧桑"一句，出自毛泽东同志的《七律·人民解放军占领南京》，"诗词释义"见第56—57页。

行路难（其一）

〔唐〕李白

金樽清酒斗十千，玉盘珍羞直万钱。

停杯投箸不能食，拔剑四顾心茫然。

欲渡黄河冰塞川，将登太行雪满山。

闲来垂钓碧溪上，忽复乘舟梦日边。

行路难！行路难！多歧路，今安在？

长风破浪会有时，直挂云帆济沧海。

"行路难"是乐府旧题，多写世路艰难或离别感伤。李白这组《行路难》共三首诗，这是第一首。这是李白在开元十九年第一次在长安干谒失败时所作。

开篇以"金樽""玉盘""十千""万钱"极写酒宴之丰盛。然而，紧接着却出现了愁眉不展的主人公形象："不能食""心茫然"，与前一句形成鲜明反差。李白信心满满地来到长安，本想大展宏图，没承想屡屡碰壁受挫，好比"冰塞"黄河、"雪满"太行，怎不叫人"心茫然"？恍惚间，忽然想到姜太公垂钓得遇周文王后助周灭商，伊尹梦见乘舟绕日月后助商灭夏，这又给诗人增添了信心。"行路难！行路难！多歧路，今安在？"真切地表达出诗人在失望与希望、迷茫与追寻中彷徨的复杂心理。

但李白终究是李白！这位洒脱不羁的著名诗仙从"拔剑四顾"那一刻开始，就表现出不甘沉沦、不懈抗争的执着信念；这位秉信"天生我材必有用"的伟大诗人最终跳出歧路徘徊的苦闷，唱出历经千年而能量不衰的励志强音："长风破浪会有时，直挂云帆济沧海。"诗人坚信总有一天会像南朝宗悫所愿，长风鼓起云帆，船头劈开巨浪，横渡沧海，直达彼岸！铿锵之音真可谓气贯长虹，经久不绝，给无数后人注入无尽的精神力量。

抒 情 怀

安得广厦千万间，大庇天下寒士俱欢颜！

　　贫困是人类社会的顽疾。反贫困始终是古今中外治国安邦的一件大事。一部中国史，就是一部中华民族同贫困作斗争的历史。从屈原"长太息以掩涕兮，哀民生之多艰"的感慨，到杜甫"安得广厦千万间，大庇天下寒士俱欢颜"的憧憬，再到孙中山"家给人足，四海之内无一夫不获其所"的夙愿，都反映了中华民族对摆脱贫困、丰衣足食的深深渴望。

——《在全国脱贫攻坚总结表彰大会上的讲话》

（2021 年 2 月 25 日）

改革开放 40 多年来，我国 8 亿多人口实现脱贫；党的十八大以来，我国连续 7 年每年减贫规模都在 1000 万人以上；全球范围内每 100 人脱贫，就有 70 多人来自中国……面对贫困这个"人类社会的顽疾"，这是中国交出的脱贫成绩单，这是中国书写的"最成功脱贫故事"。在全国脱贫攻坚总结表彰大会上，习近平总书记庄严宣告："我国脱贫攻坚战取得了全面胜利，现行标准下 9899 万农村贫困人口全部脱贫，832 个贫困县全部摘帽，12.8 万个贫困村全部出列，区域性整体贫困得到解决，完成了消除绝对贫困的艰巨任务，创造了又一个彪炳史册的人间奇迹！"

在回顾中华民族摆脱贫困的深深渴望时，习近平总书记引用屈原、杜甫和孙中山的名言，站在"大历史"的长河中，深刻阐明消除绝对贫困的重要意义，也深刻彰显脱贫攻坚战取得的辉煌成就。在 2018 年新年贺词中，习近平总书记回顾易地扶贫搬迁、棚户区改造的成绩，也引用了杜甫的这两句诗，表达对于人民安居乐业的欣慰和让群众住得更好的期盼。千年梦想，百年奋斗，圆梦今朝。从走下悬崖峭壁的四川阿土列尔村，到把黄沙滩变金沙滩的宁夏闽宁镇，再到从"去不得"变"了不得"的贵州"纳威赫"，脱贫攻坚的阳光照耀到了每一个角落，脱贫地区处处呈现山乡巨变、山河锦绣的时代画卷，处处闪耀中国共产党人始终坚守的初心使命，处处见证一个百年大党永远不变的人民情怀。

[诗词释义]

茅屋为秋风所破歌

〔唐〕杜甫

八月秋高风怒号，卷我屋上三重茅。

茅飞渡江洒江郊，高者挂罥长林梢①，

下者飘转沉塘坳。

南村群童欺我老无力，忍能对面为盗贼。

公然抱茅入竹去，唇焦口燥呼不得，

归来倚杖自叹息。

俄顷风定云墨色，秋天漠漠向昏黑。

布衾多年冷似铁，娇儿恶卧踏里裂。

床头屋漏无干处，雨脚如麻未断绝。

自经丧乱少睡眠，长夜沾湿何由彻！

安得广厦千万间，大庇天下寒士俱欢颜！

风雨不动安如山！

呜呼，何时眼前突兀见此屋，吾庐独破受冻死亦足！

"安史之乱"后期，穷困潦倒的杜甫受朋友接济，在成都西郊浣花溪边盖起一座茅屋，总算有了栖身之地。不料第二年八月，狂风大作，卷走屋顶层层茅草，让诗人焦急万分。那些飞洒江郊，或高挂树梢或沉落洼塘的茅草无法收回，而那些落在平地上的茅草又被孩童们抱走，年迈的诗人"唇焦口燥呼不得"，唯有"归来倚杖自叹息"。屋漏偏逢连夜雨！盖了多年、被小儿蹬破的布被冷如坚铁，却还要经受漏雨的彻夜敲打。自"安史之乱"以来诗人常因忧国忧民而睡卧难安，如今又屋漏床湿，还怎能入睡呢？万千感慨凝注笔端，写下了这篇感人肺腑的传世名篇。

在这凄风冷雨的不眠之夜，诗人从风雨飘摇的破屋想到无数百姓的类似处境，一腔悲愤化作殷殷热望倾泻而出："安得广厦千万间，大庇天下寒士俱欢颜！风雨不动安如山！"这三句一改上文沉郁的仄声韵，换成响亮的平声韵，表现出奔放的情感和阔大的境界。他没有为自己哀叹，而是在为"天下寒士"疾呼，唱出"何时眼前突兀见此屋，吾庐独破受冻死亦足"的慷慨之歌，诗人的崇高理想和济世情怀足以传颂千古，令人动容！

注释：
　　①罥（juàn）：挂。

沉舟侧畔千帆过，病树前头万木春。

"沉舟侧畔千帆过，病树前头万木春。"后疫情时代的世界，必将如凤凰涅槃、焕发新生。让我们携手努力，共同创造更加美好幸福的生活，共同推动构建人类命运共同体！

——《勠力战疫　共创未来——在二十国集团领导人第十五次峰会第一阶段会议上的讲话》（2020 年 11 月 21 日）

[延伸阅读]

新冠肺炎疫情，是人类百年来最严重的传染病大流行。在这场"世纪疫情"中，几百万人失去生命，世界经济陷入衰退，社会民生遭受重创，其影响甚至超过了 2008 年发生的国际金融危机，可谓是人类的一个"至暗时刻"。2020 年 11 月，全球疫情仍在蔓延，各国抗疫情、稳经济、保民生之路任重道远。与此同时，国际格局加速演变，单边主义、保护主义上升，全球产业链、供应链受到冲击。方此之时，习近平主席引用"沉舟侧畔千帆过，病树前头万木春"这两句充满希望的诗，鼓舞战疫的决心、传递必胜的信心。

在这段艰难时期，我们目睹了各国政府的努力、医务人员的付出、科学工作者的探索、普通民众的坚守。各国人民守望相助，展现出人类在重大灾难面前的勇气、决心、关爱，照亮了"至暗时刻"。中国人民同各国人民一道，相互支持、相互帮助，共同为抗击疫情、应对疫情带来的全球性挑战作出了艰苦努力。中国率先控制疫情，取得抗疫斗争重大战略成果，并发起新中国成立以来规模最大的全球人道主义行动。习近平主席同外国领导人及国际组织负责人会晤、通话，以"云外交"方式出席多场重要外交活动，首次提出打造人类卫生健康共同体倡议，深刻阐释中国推动抗疫合作、促进经济复苏、完善全球治理等理念和主张，强调团结合作是战胜疫情最有力的武器。中国价值、中国方案、中国行动，为站在历史十字路口的人类世界，注入了以坚定步伐继续前行的强大正能量。

[诗词释义]

酬乐天扬州初逢席上见赠

〔唐〕刘禹锡

巴山楚水凄凉地，二十三年弃置身。

怀旧空吟闻笛赋，到乡翻似烂柯人。

沉舟侧畔千帆过，病树前头万木春。

今日听君歌一曲，暂凭杯酒长精神。

刘禹锡罢和州（今安徽和县）刺史任，返乡途中，与白居易在扬州相逢。酒酣之时，白居易作诗《醉赠刘二十八使君》："为我引杯添酒饮，与君把箸击盘歌。诗称国手徒为尔，命压人头不奈何。举眼风光长寂寞，满朝官职独蹉跎。亦知合被才名折，二十三年折太多。"诗中表达了对刘禹锡的赞美与同情。刘禹锡感动之下写了这首酬答诗。

首联紧承白居易诗尾联，以感伤的笔触，回顾了 23 年遭弃置的境遇。"巴山楚水"指刘禹锡先后被贬谪到的地方，"凄凉地""弃置身"流露出无限辛酸。颔联借用两个典故，写归来时看到人事全非的怅惘之情。晋人向秀经过亡友嵇康旧居时，听到邻人吹笛，写下《思旧赋》以抒伤怀，"闻笛赋"寄托了对故友的怀念。晋人王质进山砍柴时见到两童子对弈，看完一盘棋后发现斧柄已朽烂，原来山下已过去一百年。"烂柯人"比喻长期贬谪之人再回家乡恍如隔世。颈联以"沉舟""病树"比喻自己，以"千帆过""万木春"喻指同僚后辈境遇和发展前景都好。沉舟侧畔，千帆竞发；病树前头，万木皆春！该联与白诗颈联呼应。尾联点明酬赠题意，与友人共勉互励。

"沉舟侧畔千帆过，病树前头万木春"，原意较为消沉，后人赋予新意，谓一个人身处低谷时应不畏挫折、永葆乐观信念和奋斗精神，因此遂成为千古传唱的警句。另外，它还深刻地阐释了事物发展变化的普遍规律：万物是流转变化的，新事物必将取代旧事物，世界就是在新旧交替中不断向前发展的。

乘风好去，长空万里，直下看山河。

辛弃疾在一首词中写道："乘风好去，长空万里，直下看山河。"我说过："中国梦是历史的、现实的，也是未来的；是我们这一代的，更是青年一代的。中华民族伟大复兴的中国梦终将在一代代青年的接力奋斗中变为现实。"新时代青年要乘新时代春风，在祖国的万里长空放飞青春梦想，以社会主义建设者和接班人的使命担当，为全面建成小康社会、全面建设社会主义现代化强国而努力奋斗，让中华民族伟大复兴在我们的奋斗中梦想成真！

——《在北京大学师生座谈会上的讲话》(2018 年 5 月 2 日)

　　青年时期，是一个人人生的"黄金时期"。时间之河川流不息，每一代青年都有自己的际遇和机缘，都要在自己所处的时代条件下谋划人生、创造历史。但无论置身怎样的时代、社会，朝气都应该是青春的底色，奋斗都应该是青春的姿态。在与北京大学师生座谈时，习近平总书记以辛弃疾的"乘风好去，长空万里，直下看山河"，抒写乘风破浪、长风万里的青春气象，勉励年轻人在时代大潮中、祖国大地上放飞青春梦想，努力追梦圆梦。

　　我们的国家正在走向繁荣富强，我们的民族正在走向伟大复兴，我们的人民正在走向更加幸福美好的生活。对于当代中国青年来说，这是最宏阔的背景、最宽广的舞台。习近平总书记曾引用李大钊的一句话：青年要"为世界进文明，为人类造幸福，以青春之我，创建青春之家庭，青春之国家，青春之民族，青春之人类，青春之地球，青春之宇宙，资以乐其无涯之生"。可以说，中国的未来属于青年，中华民族的未来也属于青年，广大青年既是追梦者，也是圆梦人。追梦需要激情和理想，圆梦需要奋斗和奉献。广大青年应该在奋斗中释放青春激情、追逐青春理想，以青春之我、奋斗之我，为民族复兴铺路架桥，为祖国建设添砖加瓦，不负青春，不负韶华。

[诗词释义]

太常引·建康中秋夜为吕叔潜赋

〔宋〕辛弃疾

一轮秋影转金波。飞镜又重磨。把酒问姮娥：被白发，欺人奈何？

乘风好去，长空万里，直下看山河。斫去桂婆娑。人道是，清光更多。

这首词是辛弃疾在建康（今江苏南京）任上所作。当时诗人南归已十余年，而南宋朝廷一味对金求和，排斥主张抗金人士。诗人在中秋夜与友人吕叔潜饮酒赏月时写下此词，抒写了力主收复中原、反对妥协投降的政治抱负。

上片描写中秋明月，寄托情思。一轮皓月高悬天际，月影浮动有如金波流转，月色澄澈好似铜镜重磨。诗人不禁举杯遥问月中嫦娥：白发日渐增多，好像有意欺人，我该怎么办呢？这一惊天之问听似无理，深味令人动容，其中饱含岁月催人老、壮志无处酬的悲凉。

下片放飞奇思异想，抒发壮怀。诗人将郁结于胸的悲愤之情鼓荡开来，好似大鹏展翅，乘风飞上万里长空，放眼俯瞰壮美山河。"直下"，径直向下，无所遮掩，痛快如意地看个够，一派豪情充盈天宇。"山河"则不仅包括南宋王朝统治的中国南方，也包括金人占领的中国北方，表达了诗人心系故国不放弃、志存高远誓统一的深情与豪情。结尾化用杜甫《一百五日夜对月》中的诗句"斫却月中桂，清光应更多"，意为砍去月中摇曳的桂枝，将使洒向人间的月光更多，其背后蕴含着扫除黑暗、还人间以光明的象征意义。诗人借此隐晦地表明，只有铲除投降派的阻挠，才能实现收复失地、统一国家的宏图大业。

全词想象瑰丽，气象宏阔，爱国之情与报国之志充溢字里行间，在古往今来的咏月抒怀诗里独树一帜，无怪乎陈廷焯在《白雨斋词话》中赞其为"词中之龙"。

等闲识得东风面，万紫千红总是春。

　　"等闲识得东风面，万紫千红总是春。"在中国共产党领导下，经过近70年奋斗，我们的人民共和国茁壮成长，正以崭新的姿态屹立于世界东方！

——《在第十三届全国人民代表大会第一次会议上的讲话》(2018 年 3 月 20 日)

[延伸阅读]

在第十三届全国人民代表大会第一次会议上，习近平总书记发表了热情洋溢的讲话，以伟大创造精神、伟大奋斗精神、伟大团结精神、伟大梦想精神，高度概括了中华民族的伟大民族精神。时逢初春，万物更新。习近平总书记在讲话的结尾处，以这两句"等闲识得东风面，万紫千红总是春"描述中国的朝气蓬勃、气象万千，表达对于人民共和国未来的坚定信心。

在这次会议上，选举和决定任命了新一届国家机构领导人员，为新时代坚持和发展中国特色社会主义提供了重要组织保证。以五年为一个节点，人民共和国开始了一段新的航程。"日月之行，若出其中。星汉灿烂，若出其里。"恰如东风吹开花朵，渲染万紫千红，新时代的气象更加恢宏，新时代的征程更加壮阔。这是让改革有新气势的时代，中流击水，还看今朝；这是让社会有新风尚的时代，党风政风民风焕然一新；这是让人民有新获得的时代，小康路上"一个都不能少"；这是对世界有新贡献的时代，中国为世界注入正能量。力量向着复兴在聚集，精神为着复兴而振奋，泱泱大国、巍巍中华，曙光升腾、万物生长，神州大地呈现出生机勃勃的复兴气象。一时千载，千载一时，新的时代已经在我们面前展开。时和势依然在我，精气神鼓而不泄，这样的历史场景，正需要我们以永不懈怠的精神状态踏上时代新征程，以一往无前的奋斗姿态成就历史新光荣。

[诗词释义]

春　日

〔宋〕朱熹

胜日寻芳泗水滨，无边光景一时新。
等闲识得东风面，万紫千红总是春。

　　朱熹的这首诗一般被认为是游春踏青之作。春回大地之际，在一个天气晴好的"胜日"，诗人来到"泗水"之滨"寻芳"探春，目之所及，但觉无限风光景物焕然一新。前两句点明了"寻芳"的时间、地点和观感，后两句进一步用形象的语言描绘"光景"之"新"，阐发"寻芳"的感悟。"等闲识得东风面，万紫千红总是春"，"等闲"即寻常、随便，"识"照应"寻"，这两句是说春天的面孔是很容易"识得"的，东风吹来了百花齐放，百花捧出了万紫千红的春天，故而诗人从万紫千红中一下子就识别了东风，寻找到万象更新的春日气息。诗人由"寻"到"识"，步步深入，在赞美春天美好风光的同时，也揭示出"东风"是万紫千红春天源头的道理。

　　单从游春诗来看，这首诗清新晓畅，春光满目，又富有理趣，很具艺术感染力。但它实则是一首含义丰富的哲理诗。儒家常用"风"来喻指仁义之道感化人的力量。东风吹拂出万紫千红；圣人之道教化万千士子，社会上下一派和谐清新，犹如春天的蓬勃。

孔子讲学于洙泗之间，诗以"泗水滨"借指圣人之门。作为理学家的朱熹爱作哲理诗，此诗寓哲理于自然形象，善于启发，是理、情、景结合得较好的佳作。

芳林新叶催陈叶，流水前波让后波。

"芳林新叶催陈叶，流水前波让后波。"改革开放 40 年来，我们以敢闯敢干的勇气和自我革新的担当，闯出了一条新路、好路，实现了从"赶上时代"到"引领时代"的伟大跨越。今天，我们要不忘初心、牢记使命，继续以逢山开路、遇水架桥的开拓精神，开新局于伟大的社会革命，强体魄于伟大的自我革命，在我们广袤的国土上继续书写 13 亿多中国人民伟大奋斗的历史新篇章！

——《在 2018 年春节团拜会上的讲话》(2018 年 2 月 14 日)

[延伸阅读]

　　曙光升腾，万物生长。1978 年，以党的十一届三中全会召开为标志，中国开启了改革开放的历史征程。在改革开放之路上，中国实现了成为世界第二大经济体的发展奇迹，创造了建成世界上覆盖人口最多的社保体系的民生奇迹，书写了贫困人口全部脱贫、贫困县全部摘帽的减贫奇迹……风雨中驰而不息，奋斗中砥砺前行，中华大地发生了感天动地的伟大变革。改革让中国活力奔涌、万马奔腾，开放让中国打开大门、拥抱世界。2018 年，在迎来改革开放 40 周年之际，习近平总书记在春节团拜会上以"芳林新叶催陈叶，流水前波让后波"这两句诗，昭示改革的精神，展现中国蒸蒸日上、日新月异的发展气象。

　　改革开放是中国人民和中华民族发展史上一次伟大革命。就像新叶催陈叶、后波赶前波，改革也只有进行时，没有完成时。小岗破冰、深圳试水、浦东闯关、平潭浪涌、前海开发、雄安启航、海南扬帆……我们在无路中走出了一条新路、好路，改革开放的脚步永不停滞。党的十八届三中全会以来，我们以前所未有的决心和力度冲破思想观念的束缚，突破利益固化的藩篱，坚决破除各方面体制机制弊端，积极应对外部环境变化带来的风险挑战，开启了气势如虹、波澜壮阔的改革进程，许多领域实现历史性变革、系统性重塑、整体性重构，全面深化改革取得历史性伟大成就。事实证明，改革开放是决定当代中国命运的关键一招，中华民族伟大复兴必将在改革开放的进程中得以实现！

[诗词释义]

乐天见示伤微之、敦诗、晦叔三君子，皆有深分，因成是诗以寄

〔唐〕刘禹锡

吟君叹逝双绝句，使我伤怀奏短歌。

世上空惊故人少，集中惟觉祭文多。

芳林新叶催陈叶，流水前波让后波。

万古到今同此恨，闻琴泪尽欲如何。

　　白居易感伤好友元稹（字微之）、崔群（字敦诗）、崔玄亮（字晦叔）相继去世，写了两首绝句寄赠给刘禹锡。这三人也是刘禹锡的好友，他看后深有同感，写下此诗作为应答。"见示"，给我看；"伤"，伤悼；"深分"，深厚的友谊。全诗大意是：吟诵这悼念亡友的两首绝句，深感伤怀写下这首短诗。可叹世上的老友越来越少，只感到文集中的祭文越来越多。芳林中新叶不断催换旧叶，流水里前波总是让位给后波。古往今来人们无法避免死别之痛，纵使为亡友流尽眼泪，又将如何？"闻琴"，比喻知音。全诗饱含对友人去世的沉痛哀悼，以及对白居易的深情劝慰。

　　颈联"芳林新叶催陈叶，流水前波让后波"是千古名句，通过两个形象生动的比喻，揭示了事物发展变化的自然法则：新叶不断地催落陈叶，树林才能永葆芳鲜；后波不断地推动前波，流

水才能长流不腐。人类社会与自然界一样，就是在这种绵延不绝的新陈代谢中代代相继，生生不息，永葆生机，这是不以人的意志为转移的客观规律。这两句可看作诗人洞悉自然与人生的豁达之语，包含了朴素的辩证法思想，语义精警，提振全篇。

不要人夸颜色好，只留清气满乾坤。

　　俗语说，百闻不如一见。我们欢迎各位记者朋友在中国多走走、多看看，继续关注中共十九大之后中国的发展变化，更加全面地了解和报道中国。我们不需要更多的溢美之词，我们一贯欢迎客观的介绍和有益的建议，正所谓"不要人夸颜色好，只留清气满乾坤"。

　　　　——《在十九届中共中央政治局常委同中外记者见面时的讲话》(2017 年 10 月 25 日)

凌寒怒放的梅花，不以颜色吸引人，而以清气留天地。这样的品格，正是我们党、我们国家、我们民族自信从容、清醒坚定、求真务实的生动写照。最美的表情是自信。党的十九大闭幕之际，十九届中共中央政治局常委同中外记者见面时，习近平总书记引用"不要人夸颜色好，只留清气满乾坤"，以诗言志，让世人看到一个东方大国更加自信地走向世界，一个古老民族更加从容地面向未来。

"自信人生二百年，会当水击三千里。"习近平总书记曾豪迈宣示："当今世界，要说哪个政党、哪个国家、哪个民族能够自信的话，那中国共产党、中华人民共和国、中华民族是最有理由自信的。"面对各种"捧杀"与"棒杀"、各类偏见与唱衰，我们党始终"咬定青山不放松"，坚定不移走中国特色社会主义道路，拓展了发展中国家走向现代化的途径，以无可辩驳的成就，让"中国崩溃论"崩溃，让"中国衰落论"衰落。从根本上说，正是中国特色社会主义，成功开辟了通往民族复兴、人民幸福的伟大道路，让我们的道路自信、理论自信、制度自信、文化自信更加坚定，让我们"不要人夸颜色好，只留清气满乾坤"的底气更加充足。

［诗词释义］

墨 梅

〔元〕王冕

我家洗砚池头树，朵朵花开淡墨痕。

不要人夸颜色好，只留清气满乾坤。

墨梅是宋元文人画的重要题材，元代著名画家、诗人王冕尤以画墨梅名世。据张辰《王冕传》记载："每画竟，则自题其上，皆假图以见志云。"他画的墨梅多，题墨梅诗也不少，此诗是流传最广的一首。

首句点明这幅画画的是我王冕家洗砚池边的一棵梅树。"洗砚池"化用王羲之"临池学书，池水尽黑"的典故。盖因诗人与王羲之同姓，故曰"我家"，透着自豪之意。次句运用白描手法写出梅花的形态。王冕最爱画不着色的水墨梅花，因而每朵梅花都用淡墨点染，"淡"字既写出画梅花的技法，又刻画出梅花淡雅高洁的风骨。国画大师潘天寿谈及宋元水墨画时说，"盖梅兰竹菊等，为植物中清品，不可假丹铅以求形似，须以文人之灵趣、学养、品格注之笔端，随意写出，以表作者高尚纯洁之感情思想"，正是对"不要人夸颜色好，只留清气满乾坤"的演绎。"只留清气满乾坤"，一个"满"字不仅传神地道出梅花清香四溢的特质，而且揭示出梅花不媚世俗、傲立天地的君子精神。

　　《墨梅》之画与诗，是诗人的自我写照。王冕自幼家贫，白天放牛，夜晚苦读，学得满腹经纶，但却屡试不第，于是绝意仕途，归隐山林，并植梅千树，自号梅花屋主。诗人赞美墨梅不求夸赞、自留清芬的高尚操守，实际是借喻自己不求功名、独善其身的价值追求。特别是后两句，将诗眼与画魂、梅的风姿与人的傲骨不露痕迹地融为一体，呈现出一个冰清玉洁的理想世界。

路漫漫其修远兮，吾将上下而求索。

"路漫漫其修远兮，吾将上下而求索。"全党同志一定要不忘初心、继续前进，永远保持谦虚、谨慎、不骄、不躁的作风，永远保持艰苦奋斗的作风，勇于变革、勇于创新，永不僵化、永不停滞，继续在这场历史性考试中经受考验，努力向历史、向人民交出新的更加优异的答卷！

——《在庆祝中国共产党成立 95 周年大会上的讲话》(2016 年 7 月 1 日)

[延伸阅读]

1921 年，一件开天辟地的大事变，深刻改变了近代以后中华民族发展的方向和进程，深刻改变了中国人民和中华民族的前途和命运，深刻改变了世界发展的趋势和格局——中国共产党成立了。一百年来，有筚路蓝缕的开创、有百转千回的探索、有胼手胝足的奋斗、有波澜壮阔的前行，中国共产党带领亿万中国人民，跨过一道又一道沟坎，取得一个又一个胜利，为中华民族作出了伟大历史贡献。2016 年 7 月，在中国共产党成立 95 周年之际，习近平总书记以屈原的"路漫漫其修远兮，吾将上下而求索"，概括征途的漫长、奋斗的艰辛，勉励全党上下不忘初心、继续前进。

2021 年，中国共产党迎来百年华诞。一百年前，中国共产党成立时只有 50 多名党员，今天已经成为拥有 9600 多万名党员、领导着 14 亿多人口大国、具有重大全球影响力的世界第一大执政党。一百年前，中华民族呈现在世界面前的是一派衰败凋零的景象。今天，中华民族向世界展现的是一派欣欣向荣的气象，正以不可阻挡的步伐迈向伟大复兴。过去一百年，中国共产党向人民、向历史交出了一份优异的答卷。现在，中国共产党团结带领中国人民又踏上了实现第二个百年奋斗目标新的赶考之路。"征途漫漫，惟有奋斗。"有中国共产党的坚强领导，有全国各族人民的紧密团结，全面建成社会主义现代化强国的目标一定能够实现，中华民族伟大复兴的中国梦一定能够实现！

［诗词释义］

离骚（节选）

〔战国〕屈原

……

朝发轫于苍梧兮，夕余至乎县圃①。

欲少留此灵琐兮，日忽忽其将暮。

吾令羲和弭节兮，望崦嵫而勿迫②。

路漫漫其修远兮，吾将上下而求索。

……

《离骚》写于屈原放逐江南之时，是诗人充满爱国激情的抒忧发愤之作，有人把它看作是屈原的自叙传。全诗370多句，近2500字，是中国古代诗歌史上最著名的浪漫主义抒情诗之一。节选的诗句叙写了诗人从现实社会向幻想世界不断探寻的过程：清晨我从舜所葬身的苍梧山下发车起程，傍晚便到了昆仑山的神灵居所悬圃。我本想在此停留片刻，无奈太阳下沉，暮色已近。我命令驾车的太阳神羲和慢速行驶，不要急于靠近太阳落下去的入口崦嵫山畔。道路十分漫长而遥远，我要上天入地追求探索，去寻找理想中的人生之道。

"路漫漫其修远兮，吾将上下而求索"，这一千古流传的诗句表现了诗人追求真理、百折不挠、独立不迁的峻洁人格和崇高形象。诗中描写了他"上下而求索"的过程，表现其不畏险阻与不懈追求的顽强精神。诗中多处可见反映这一形象的诗句，如"亦余心之所善兮，虽九死其犹未悔""虽体解吾犹未变兮，岂余心之可惩"等。这一形象是中华民族精神的集中体现，砥砺历代仁人志士坚持真理、执着操守。鲁迅出版《彷徨》时就曾引这段诗句作为书前题词，可见屈原精神的巨大影响。

注释：

①县（xuán）圃：又作"悬圃""玄圃"，是上古神话中的灵境，在昆仑山。　②崦嵫（Yānzī）：上古神话中太阳下落处的大山。

桐花万里丹山路，雏凤清于老凤声。

中国科学院、中国工程院是我国科技大师荟萃之地，要发挥好国家高端科技智库功能，组织广大院士围绕事关科技创新发展全局和长远问题，善于把握世界科技发展大势、研判世界科技革命新方向，为国家科技决策提供准确、前瞻、及时的建议。要发挥好最高学术机构学术引领作用，把握好世界科技发展大势，敏锐抓住科技革命新方向。"桐花万里丹山路，雏凤清于老凤声。"科技创新，贵在接力。希望广大院士发挥好科技领军作用，团结带领全国科技界特别是广大青年科技人才为建设世界科技强国建功立业。

——《为建设世界科技强国而奋斗——在全国科技创新大会、两院院士大会、中国科协第九次全国代表大会上的讲话》(2016 年 5 月 30 日)

[延伸阅读]

　　中国实现现代化，是人类历史上前所未有的大变革。中国实现了现代化，意味着比现在所有发达国家人口总和还要多的中国人民将进入现代化行列。在全面建成小康社会这第一个百年奋斗目标实现后，我们向着全面建成社会主义现代化强国的第二个百年奋斗目标进发，我们的前景十分光明，我们的任务十分繁重。这一过程中，尤其需要发挥科技创新的强大引擎作用，尤其需要坚持创新在我国现代化建设全局中的核心地位。

　　"功以才成，业由才广。"科学技术是人类的伟大创造性活动。一切科技创新活动都是人做出来的。我国要建设世界科技强国，关键是要建设一支规模宏大、结构合理、素质优良的创新人才队伍，激发各类人才创新活力和潜力，在创新实践中发现人才、在创新活动中培育人才、在创新事业中凝聚人才，聚天下英才而用之，让更多千里马竞相奔腾。在被称为"科技三会"的全国科技创新大会、两院院士大会、中国科协第九次全国代表大会上，习近平总书记以"桐花万里丹山路，雏凤清于老凤声"这两句诗，勉励广大院士发挥好科技领军作用，既要不断提高自己的学术能力，也要善于发现、培养和提携青年才俊，团结带领全国科技界特别是广大青年科技人才为建设世界科技强国建功立业。

[诗词释义]

韩冬郎即席为诗相送，一座尽惊。他日余方追吟
"连宵侍坐徘徊久"之句，有老成之风，
因成二绝寄酬，兼呈畏之员外（其一）

〔唐〕李商隐

十岁裁诗走马成，冷灰残烛动离情。

桐花万里丹山路，雏凤清于老凤声。

　　这首诗的标题很长，相当于诗前小序，说明了作诗的缘由。冬郎是晚唐诗人韩偓的小名，其父韩瞻，字畏之，是李商隐的故交和连襟。851 年，李商隐离开长安，赴四川梓州，亲友为其饯行。10 岁的韩偓即席赋诗，才惊四座。5 年后，李商隐返回长安，追忆韩偓赠别的诗句，感慨少年诗风老成，于是写下两首七绝酬答，此诗为其中的第一首。

　　开头两句是对当年饯别情景的追述。"冷灰残烛"，表明别宴已近尾声，蜡烛烧残，烛灰冷却，烘托出凄凄满别情的伤感气氛。正当此时，10 岁的冬郎像东晋的袁宏一样文思敏捷，走马之间便挥就一首赠别诗，愈加触动满座的离情。

　　结尾两句转入对少年才俊的评赞。诗人运用生动的比喻和想象，婉转地表达出赞美之情，他将韩氏父子比作凤凰，并由凤凰产在丹山、栖于梧桐的传说展开联想，描绘出一幅万里丹山路上

桐花盛开的幽美画面；而在那万花丛中，不时传来雏凤清脆动听的鸣叫，应和着老凤苍凉雄浑的呼声，越发显得清圆悦耳。"桐花万里丹山路，雏凤清于老凤声"，既勾画出凤凰偕鸣、生机勃勃的动人景象，更巧妙地道出子胜于父、后学居上之意。这两句以凤喻人，表达了青出于蓝胜于蓝、长江后浪推前浪的道理，也暗含着提携后辈、薪火相继的襟怀，常为后人引用。

时穷节乃见，一一垂丹青。

在抗战英雄身上，充分展现了视死如归、宁死不屈的民族气节。"时穷节乃见，一一垂丹青。"日本军国主义侵略者极其残暴，以惨绝人寰的手段对待中国人民，企图以屠杀和死亡让中国人民屈服。面对侵略者的屠刀，中国人民用血肉之躯筑起新的长城，人人抱定必死之心。成千上万的英雄们，在侵略者的炮火中奋勇前进，在侵略者的屠刀下英勇就义，彰显出中华民族威武不能屈的浩然正气。

——《在颁发"中国人民抗日战争胜利70周年"纪念章仪式上的讲话》（2015年9月2日）

[延伸阅读]

中国人民抗日战争，是近代以来中国人民反抗外敌入侵持续时间最长、规模最大、牺牲最多的民族解放斗争，也是第一次取得完全胜利的民族解放斗争。这是艰苦卓绝、百折不挠的战斗，也是感天动地、气壮山河的史诗。从"战斗到最后一刻"的南京保卫战，到"不惜用生命填进火海"的台儿庄血战，从"打完子弹就上刺刀冲锋"的平型关大捷，到"以血肉之躯消灭精良装备"的百团大战……中国人民以 3500 多万军民伤亡的惨重代价，为民族争取独立，为世界守卫和平。中国的抗战，永载中华民族史册，永载人类和平史册。

2015 年 9 月 3 日，是中国人民抗日战争胜利 70 周年纪念日。当年 9 月 2 日，在颁发"中国人民抗日战争胜利 70 周年"纪念章仪式上，习近平总书记发表讲话强调，在抗战英雄身上，充分展现了天下兴亡、匹夫有责的爱国情怀，视死如归、宁死不屈的民族气节，不畏强暴、血战到底的英雄气概，百折不挠、坚忍不拔的必胜信念。他引用诗句"时穷节乃见，一一垂丹青"，高度赞扬抗战英雄不畏屠刀、不惧牺牲的顽强抗争，高度赞扬中华民族威武不能屈的浩然正气。大江大河、浪奔浪涌，14 年不屈不挠的浴血奋战中，英雄的中华儿女以"一寸山河一寸血"的悲壮情怀，留下"魂魄毅兮为鬼雄"的不朽篇章，写就"留取丹心照汗青"的英雄史诗，证明了中国人民的勇敢与坚忍，宣示着中华民族的血性与尊严。

正气歌（节选）

〔宋〕文天祥

天地有正气，杂然赋流形。

下则为河岳，上则为日星。

于人曰浩然，沛乎塞苍冥。

皇路当清夷，含和吐明庭。

时穷节乃见，一一垂丹青。

……

　　1278 年，南宋名臣文天祥在广东兵败被俘，翌年被押解至元大都（在今北京）。在狱中，他受尽元朝统治者的威逼利诱而宁死不屈，1283 年 1 月英勇就义。这首诗是他死前一年在狱中所作。诗前有小序，描写了牢狱中污浊不堪的"七气"。在"七气"的夹攻下，体弱的诗人却"幸而无恙"，究其因，他认为在于胸有浩然之气，即孟子所言"我善养吾浩然之气"，而"浩然者，乃天地之正气也"，这一正气足以抵御七种邪气。这便道出写"正气"诗的缘由。

　　全诗可分三部分，此处节选的是第一部分。这部分是对浩然之气的热烈赞颂，简述了正气的源与形，它与天地并生，宇宙万物均由它化育生成；人的浩然正气同样充塞天地，禀赋正气之人在清平时代便为国家事业尽心效力，在危难关头则展现出彪炳史册的崇高气节。"时穷节乃见"是全诗的灵魂。"一一垂丹青"承上启下，引出第二部分历史上十二位忠臣义士的壮烈事迹，历举浩然正气的体现，印证"时穷节乃见"。第三部分写诗人身陷囹圄而坚贞不屈，是对"时穷节乃见"的践行。先贤的义烈之举让诗人得到正气的濡染，"是气所磅礴，凛烈万古存。当其贯日月，生死安足论"。正是中华民族优秀传统文化的浸润和激励，才成就了文天祥的浩然正气，使其成为名垂千古的英雄，也让这篇荡气回肠的《正气歌》与他的《过零丁洋》一样，成为弘扬爱国精神和民族气节的典范之作。

慈母手中线，游子身上衣。

临行密密缝，意恐迟迟归。

谁言寸草心，报得三春晖。

　　中华民族自古以来就重视家庭、重视亲情。家和万事兴、天伦之乐、尊老爱幼、贤妻良母、相夫教子、勤俭持家等，都体现了中国人的这种观念。"慈母手中线，游子身上衣。临行密密缝，意恐迟迟归。谁言寸草心，报得三春晖。"唐代诗人孟郊的这首《游子吟》，生动表达了中国人深厚的家庭情结。

——《在 2015 年春节团拜会上的讲话》（2015 年 2 月 17 日）

［ 延伸阅读 ］

中华民族历来重视家庭，正所谓"天下之本在国，国之本在家"，家和万事兴。尊老爱幼、妻贤夫安，母慈子孝、兄友弟恭，耕读传家、勤俭持家，知书达礼、遵纪守法，家和万事兴等中华民族传统家庭美德，铭记在中国人的心灵中，融入中国人的血脉中，是支撑中华民族生生不息、薪火相传的重要精神力量。在乙未羊年的春节团拜会上，习近平总书记以孟郊的这首《游子吟》，展现中国人深厚的家庭情结，在春节这个万家团圆、共享天伦的美好时分，与亿万人民共同思考家庭、家教、家风的深刻内涵。

"家是最小国，国是千万家。"国家富强，民族复兴，人民幸福，不是抽象的，最终要体现在千千万万个家庭都幸福美满上，体现在亿万人民生活不断改善上。同时，我们还要认识到，国家好，民族好，家庭才能好。只有实现中华民族伟大复兴的中国梦，家庭梦才能梦想成真。可以说，千家万户都好，国家才能好，民族才能好。习近平总书记语重心长地说，家庭是社会的基本细胞，是人生的第一所学校。不论时代发生多大变化，不论生活格局发生多大变化，我们都要重视家庭建设，注重家庭、注重家教、注重家风。只有这样，才能使千千万万个家庭成为国家发展、民族进步、社会和谐的重要基点，用我们4亿多家庭、14亿多人民的智慧和热情汇聚起实现中华民族伟大复兴的中国梦的磅礴力量。

[诗词释义]

游 子 吟

〔唐〕孟郊

慈母手中线，游子身上衣。

临行密密缝，意恐迟迟归。

谁言寸草心，报得三春晖。

　　《游子吟》是孟郊在今江苏溧阳写的五言诗，题下有自注："迎母溧上作。"诗人出身贫苦，幼年丧父，生活漂泊，46 岁方中进士，50 岁才做了溧阳县尉，终于有条件迎养老母。诗人半生流离，为求功名多次辞母远行，临行前母亲为他缝衣的情景深植脑海。这首诗便撷取了这样一个看似平常的行前缝衣场景，歌颂了母爱的深沉伟大，表达了对母亲的挚爱与感恩之情，是吟咏母爱的名篇。

　　开篇通过线与衣的关系，点出母与子的骨肉情深，这线正是连接母子的情感引线。中间两句细腻地描写了母亲"密密缝"的动作，以及唯恐儿子"迟迟归"的心情。衣服缝得密，就不用担心儿子迟归衣破，但在内心深处，母亲又生怕儿子迟归。这一行动与内心的强烈矛盾刻画得如此真实，道出常人体验过却未必能道出的人间至情。

　　结尾以比兴手法收束全篇，"寸草心"难报"三春晖"的比喻形象生动，寄托着赤子对慈母的炽热情怀。"三春晖"即春天的阳光，大概取义汉乐府《长歌行》中的"阳春布德泽，万物生光辉"。"寸草"即春天的小草。春草最易触动游子离情，是古诗中常见意象，如"春草明年绿，王孙归不归"（王维《送别》）、"离恨恰如春草，更行更远还生"（李煜《清平乐》）。此处诗人又赋予春草以灵性，喻指有报恩之心的游子，春晖则象征不求回报的慈母。寸草难报春晖情，游子之于慈母亦如是，推而广之，天下儿女谁又能报答母爱于万一呢？

莫道桑榆晚，为霞尚满天。

"莫道桑榆晚，为霞尚满天。"希望广大老同志珍惜光荣历史、永葆政治本色，继续以身作则弘扬党的光荣传统和优良作风，继续为实现"两个一百年"奋斗目标、实现中华民族伟大复兴的中国梦作出积极贡献。

——在会见全国离退休干部先进集体和先进个人代表时的讲话（2014 年 11 月 26 日）

[延伸阅读]

习近平总书记始终尊重、关心老年人，他于 1984 年 12 月 7 日第一次在《人民日报》发表的署名文章，标题就是《中青年干部要"尊老"》。他尤其重视老干部工作，强调指出"老干部是党执政兴国的重要资源，是推进中国特色社会主义伟大事业的重要力量"。2014 年 11 月 26 日，全国离退休干部先进集体和先进个人表彰大会召开时，习近平总书记专程前往看望与会代表，以诗句"莫道桑榆晚，为霞尚满天"勉励广大老同志继续为党和国家事业发展作出积极贡献。

我国有 2000 多万离退休干部，这是一个巨大的资源宝库。广大离退休干部经历过各种斗争风浪考验，思想政治觉悟高，智慧经验丰富，有着一定的政治优势、经验优势、威望优势。在他们身上，生动体现了中国共产党人对理想信念的虔诚执着、对党和人民的无比忠诚、对红色基因的传承弘扬。要实现我们的奋斗目标，离不开离退休干部这支重要力量，需要更加激发和保护好他们继续为党和人民奉献的政治热情，以老骥伏枥、老当益壮的健康心态和进取精神，为推动党和国家各项事业发展凝聚力量、发光发热。

[诗词释义]

酬乐天咏老见示

〔唐〕刘禹锡

人谁不顾老，老去有谁怜。

身瘦带频减，发稀冠自偏。

废书缘惜眼，多灸为随年。

经事还谙事，阅人如阅川。

细思皆幸矣，下此便翛然。

莫道桑榆晚，为霞尚满天。

公元 836 年，64 岁的刘禹锡（字梦得）以太子宾客身份分司东都洛阳，而同龄的白居易（字乐天）以同样身份留居洛阳已 3 年，两位老友朝夕唱酬。此时，二人均患眼疾、足疾，同病相怜。白居易由此写下《咏老赠梦得》："与君俱老也，自问老何如？眼涩夜先卧，头慵朝未梳。有时扶杖出，尽日闭门居。懒照新磨镜，休看小字书。情于故人重，迹共少年疏。唯是闲谈兴，相逢尚有余。"白居易 40 岁曾作《初见白发》："勿言一茎少，满头从此始。"自此之后 35 年间，他写过大量咏老诗，心境多有不同。仅就这首诗看，流露出晚景悲凉的情绪。刘禹锡便以《酬乐天咏老见示》作为回赠。

前半篇的语义紧承原诗。人们谁都顾虑衰老，老了有谁怜惜呢？身瘦衣带减，发稀帽子偏，为惜眼不再读书，为延年经常艾灸。

诗人以切身感受形象地描绘了老态，是对白诗的附和补充。后半篇的诗意转向昂扬。虽然年迈体衰，但经历的事多，便能洞悉世事，阅人有如积水成川。想来这也是幸事，为此要放下忧叹，尽享晚年之乐。"莫道桑榆晚，为霞尚满天"为全诗点睛之笔，不要说日照桑榆已是晚景，它挥洒出的霞光仍可以映红满天！这一生动的比喻营造出壮阔唯美的意境，表现了面对衰老积极达观的态度。

长太息以掩涕兮，哀民生之多艰。

屈原的"长太息以掩涕兮，哀民生之多艰"，杜甫的"安得广厦千万间，大庇天下寒士俱欢颜"、"朱门酒肉臭，路有冻死骨"，李绅的"谁知盘中餐，粒粒皆辛苦"，郑板桥的"些小吾曹州县吏，一枝一叶总关情"，等等，也都是深刻反映人民心声的作品和佳句。

——《在文艺工作座谈会上的讲话》(2014 年 10 月 15 日)

[延伸阅读]

　　对人民命运的悲悯、对人民悲欢的关切，是那些经久流传的名篇佳作共同的底蕴。要写出流传千古的作品，就必然要有深厚的人民情怀。在文艺工作座谈会上，习近平总书记深刻论述了"文艺需要人民"的道理，强调"能不能搞出优秀作品，最根本的决定于是否能为人民抒写、为人民抒情、为人民抒怀"。他引用了屈原、杜甫、李绅、郑板桥的诗句，以《古诗源》中的《弹歌》，《诗经》中的《七月》《采薇》《关雎》，以及《天问》《木兰辞》为例，还列举了《吉尔伽美什》《荷马史诗》《神曲》《十日谈》《巨人传》等世界文学经典，说明文艺只有植根现实生活、紧跟时代潮流，才能发展繁荣；只有顺应人民意愿、反映人民关切，才能充满活力。

　　人民是文艺创作的源头活水，一旦离开人民，文艺就会变成无根的浮萍、无病的呻吟、无魂的躯壳。不过，人民也不是抽象的符号，而是一个一个具体的人，有血有肉，有情感，有爱恨，有梦想，也有内心的冲突和挣扎。作为文学艺术家，只有走出方寸之地，阅尽大千世界，虚心向人民学习、向生活学习，从人民的伟大实践和丰富多彩的生活中汲取营养，不断进行生活和艺术的积累，不断进行美的发现和美的创造，才能真正把人民的喜怒哀乐倾注在自己的笔端，让艺术激情常在、艺术之树常青。

离骚（节选）

〔战国〕屈原

……

朝饮木兰之坠露兮，夕餐秋菊之落英。

苟余情其信姱以练要兮，长顑颔亦何伤[①]！

擥木根以结茝兮[②]，贯薜荔之落蕊。

矫菌桂以纫蕙兮，索胡绳之纚纚[③]。

謇吾法夫前修兮，非世俗之所服。

虽不周于今之人兮，愿依彭咸之遗则。

长太息以掩涕兮，哀民生之多艰。

余虽好修姱以鞿羁兮，謇朝谇而夕替。

既替余以蕙纕兮，又申之以揽茝。

亦余心之所善兮，虽九死其犹未悔！

……

"长太息以掩涕兮，哀民生之多艰。"意思是：我擦拭着眼泪长长地叹息，哀叹民众生活充满了那么多的艰难。

《离骚》的主题是多重的，节选的这段诗句充分展现了诗人的"美政"理想和爱国情感。这段诗句运用比兴手法，以采摘和佩戴香草喻指自修美德，也以浑身披覆香花美草象征高洁的内在美质。

　　屈原内在美质最集中的表现，就是他炽热的爱国情怀，这与其"美政"理想是紧密联系的。诗人洁身修德是为了报效国家，他主张的"美政"是以国家前途和人民利益为重，反对暴虐统治和名利追逐。即使遭遇不平，他依然为国家命运和民生疾苦忧心忡忡，"长太息以掩涕兮，哀民生之多艰"反映出深挚的爱国精神和为民情怀。他本来可以离开楚国另投光明，但这与他的爱国初心发生矛盾，所以他毅然"从彭咸之所居"，发出"虽九死其犹未悔"的呐喊。作为坚定的爱国者，屈原的崇高精神永远镌刻在历史的丰碑上，给后人以持久而深刻的巨大感召。

注释：

　　①顑颔（kǎnhàn）：饿得面黄肌瘦的样子。　②擥（lǎn）：同"揽"。　③纚（xǐ）纚：绳子又长又美的样子。

观 时 地

愿将黄鹤翅，一借飞云空。

　　"愿将黄鹤翅，一借飞云空。"中华民族伟大复兴已经进入不可逆转的历史进程。推进"一国两制"在香港的成功实践是这一历史进程的重要组成部分。我们坚信，有伟大祖国的坚定支持，有"一国两制"方针的坚实保障，在实现我国第二个百年奋斗目标的新征程上，香港一定能够创造更大辉煌，一定能够同祖国人民一道共享中华民族伟大复兴的荣光！

　　　　——《在庆祝香港回归祖国二十五周年大会暨
　　　　香港特别行政区第六届政府就职典礼上的讲话》
　　（2022 年 7 月 1 日）

[延伸阅读]

　　香江之滨，南海之畔，白云过山峰，明珠焕新彩。2022 年 7 月 1 日，香港迎来回归祖国 25 周年。25 年来，香港依托祖国、面向世界、益以新创，不断塑造自己的现代化风貌，"一国两制"在香港的实践结出了累累硕果，取得举世公认的成功。在香港回归祖国 25 周年之际，习近平总书记在讲话中，引用"愿将黄鹤翅，一借飞云空"这两句诗，表达对香港美好的祝福，对香港与祖国人民一道共襄复兴伟业、共享复兴荣光的祝愿。

　　过去一个时期，香港经受一次次严峻考验，战胜一个个风险挑战，历经风雨后，香港浴火重生，展现出蓬勃的生机。当前，香港正处在从由乱到治走向由治及兴的新阶段，未来 5 年是香港开创新局面、实现新飞跃的关键期。党的二十大报告强调："'一国两制'是中国特色社会主义的伟大创举，是香港、澳门回归后保持长期繁荣稳定的最佳制度安排，必须长期坚持。"砥砺奋进廿五载，携手再上新征程。在"一国两制"下，香港发展有着坚实基础，香港发展也在打开更大空间，粤港澳大湾区的新画卷正在徐徐铺展开来。展望未来，一个政治民主、法治健全、自由开放、包容和谐、繁荣稳定、胸怀祖国、面向世界的香港，必将更好呈现在世人面前。

[诗词释义]

上包祭酒

〔唐〕孟郊

> 岳岳冠盖彦，英英文字雄。
>
> 琼音独听时，尘韵固不同。
>
> 春云生纸上，秋涛起胸中。
>
> 时吟五君咏，再举七子风。
>
> 何幸松桂侣，见知勤苦功。
>
> 愿将黄鹤翅，一借飞云空。

这是孟郊用五古写的一首干谒诗。他为了考取功名，多次积极干谒，希望得到赏识。这首诗便是他 36 岁那年应举时所作，干谒国子祭酒包佶，即国子监主管官，期待得到引荐。

全诗前八句都是赞颂包佶的才学与文章。一、二句赞其秀出同辈，文章超群。"岳岳""英英"均是形容其气度不凡。三、四句夸其诗文有玉振的"琼音"，非平庸的"尘韵"能比。五、六句叹其文辞、声韵都很遒美，如"春云"之兴，有"秋涛"之声。《五君咏》是南朝颜延之写的诗，赞咏"竹林七贤"中的阮籍、嵇康、刘伶、阮咸、向秀五位名士；"七子"指建安文人孔融、阮瑀、王粲、徐干、陈琳、刘桢、应场，世称"建安七子"，他们都是唐人推崇的前代文人中的翘楚。七、八句以"五君""七子"作比，赞扬包佶。九、十句，"松""桂"皆为"比德"之物，也指包佶，这两句婉曲地表达了希望包祭酒能够赏识自己多年付出的"勤苦"功夫和才能。

最后两句直陈心迹，"黄鹤翅"指包佶的荐举。这两句表明自己愿借黄鹤的翅膀飞上云天，在万里长空尽情翱翔。

潮平两岸阔，风正一帆悬。

中国国际进口博览会交易的是商品和服务，交流的是文化和理念，迎的是五洲客，计的是天下利，顺应的是各国人民对美好生活的向往。"潮平两岸阔，风正一帆悬。"让我们共同扬起合作之帆，乘着时代发展的东风，推动世界经济之船扬帆远航，驶向生机盎然的春天。

——设宴欢迎出席第二届中国国际进口博览会的各国贵宾时的致辞（2019 年 11 月 4 日）

[延伸阅读]

在上海城西，有一处俯瞰宛如一枚银色"四叶草"的巨型建筑——国家会展中心（上海）。每年11月，四海宾朋相约于此，共享一席开放融通的贸易盛宴，共赴一次合作共赢的"东方之约"。中国国际进口博览会已经成为中国的一张亮丽名片，向世界展示新时代中国的开放胸襟。而这片巨型的"四叶草"，也仿佛一个地球村，将参展的各国紧密联系在一起。

2019年11月4日，在上海和平饭店举行宴会欢迎出席第二届进口博览会的各国贵宾时，习近平主席引用"潮平两岸阔，风正一帆悬"的诗句，表达共扬合作之帆、推动世界经济之船远航的美好愿望。上海素有"江海之通津，东南之都会"的美誉，引用这两句诗，正合其地、适其时。习近平主席还多次以江海为喻，论述中国经济与经济全球化问题。在2018年11月5日首届进口博览会开幕式上，他豪迈宣示"中国经济是一片大海"，"经历了无数次狂风骤雨，大海依旧在那儿"；在2019年11月5日第二届进口博览会开幕式上，他以昼夜不息、奔腾向前的长江、尼罗河、亚马孙河、多瑙河为例，说明经济全球化是历史潮流，"大江大河奔腾向前的势头是谁也阻挡不了的"。正如习近平主席强调的：世界经济是一片大海，"让世界经济的大海退回到一个一个孤立的小湖泊、小河流，是不可能的，也是不符合历史潮流的"。

［诗词释义］

次北固山下

〔唐〕王湾

客路青山外，行舟绿水前。

潮平两岸阔，风正一帆悬。

海日生残夜，江春入旧年。

乡书何处达？归雁洛阳边。

　　这首五律是诗人在冬末春初游历江南，泊舟北固山（在今江苏镇江）下时所作，描绘了行舟所见景象，抒发了羁旅思乡之情。开端由远及近，遥望青青北固山外的漫漫旅程，近看缓缓行舟的碧波长江，概述一路青山绿水的江南风光，领起全篇。

　　春潮连绵，江水漫涨，与堤岸齐平，江面愈显辽阔。而在浩渺的长江上，和风柔顺，一叶白帆正高高悬挂。颔联通过"平"与"正"、"阔"与"悬"的对仗，凸显了两岸潮平与一帆高悬的垂直关系，勾勒出江天一色、扬帆远航的恢宏气派。"风正一帆悬"是特写，"潮平两岸阔"则为全景。一小一大，有点有面，具有强烈的镜头感、画面感。尽管诗人无意说理，但正大气象启人哲思，只有春潮涌涨与顺风吹拂两相结合，才会有"一帆悬"的壮美，还可引申出平正和顺才能挂帆行远的人生哲理。

　　此诗最被人称道的是颈联，被明代胡应麟赞为"形容景物，妙绝千古"。此联形象地展示了夜与日、冬与春交替之际微妙的景致：夜未尽，日已升；冬未去，春已至，时序的更替就在这样不知不觉中发生。日与夜、新春与旧年，本是相对、矛盾的，但在诗人笔下，它们共同呈现在一个短暂的时空当中，既形象生动，又具有辩证的哲理性，引人遐想、沉思。"生"和"入"的拟人化用法，把自然景象写出了理趣，给人以光明生于黑暗而又驱散黑暗、新旧更替势不可挡的无限联想。结尾托北归的大雁捎家书到洛阳，表达了怀乡情思，与首联遥相照应。

全诗既写景，又写情，还写理，特别是中间两联，气象宏阔，天然壮美，意蕴丰富，堪称千古名篇。

迟日江山丽，春风花草香。

"迟日江山丽，春风花草香。"四月的北京，春回大地，万物复苏。很高兴同各位嘉宾相聚在雄伟的长城脚下、美丽的妫水河畔，共同拉开2019年中国北京世界园艺博览会大幕。

——《共谋绿色生活，共建美丽家园——在2019年中国北京世界园艺博览会开幕式上的讲话》

(2019年4月28日)

2019 年 4 月 28 日到 10 月 9 日，162 天美轮美奂、精彩纷呈的"绿色盛宴"和人文交流画卷，在长城脚下、妫水河畔精彩呈现。2019 年中国北京世界园艺博览会，创造了多个世界园艺史之"最"——本届世园会堪称展现内容最全、展示效果最好、办会影响最大的世园会。世园会举办期间，共有 110 个国家和国际组织参加，举行了 3284 场不同形式的活动，近千万人次游客入园参观。

这次盛会开幕时，正值风和日暖、百花盛放的春天。习近平主席引用"迟日江山丽，春风花草香"这两句诗，展现世园会园区同大自然的湖光山色交相辉映的景色，让人如同身临其境。这样两句描写自然的诗句，也正契合大会"绿色生活，美丽家园"的主题，传达尊重自然、融入自然、追求美好生活的愿望。从历史上看，中华民族有着天人合一的崇高追求；从现实来看，生态文明建设已经纳入中国国家发展总体布局，建设美丽中国已经成为中国人民心向往之的奋斗目标；从世界上看，工业化进程创造了前所未有的物质财富，也产生了难以弥补的生态创伤。杀鸡取卵、竭泽而渔的发展方式走到了尽头，顺应自然、保护生态的绿色发展昭示着未来。在开幕式上，习近平主席呼吁，我们应该追求人与自然和谐、应该追求绿色发展繁荣、应该追求科学治理精神、应该追求携手合作应对，同筑生态文明之基，同走绿色发展之路。

[诗词释义]

绝句二首（其一）

〔唐〕杜甫

迟日江山丽，春风花草香。

泥融飞燕子，沙暖睡鸳鸯。

　　这首诗是杜甫经过两年的颠沛流离之后回到成都草堂，面对浣花溪一带的旖旎春光，有感而发之作，极富诗情画意。

　　前两句铺展开一幅全景，用粗笔勾勒，描绘出初春阳光普照，江山秀美，春风和煦，花草飘香的明丽春景。"迟日"即春日，语出《诗经·豳风·七月》"春日迟迟"，意思是春天白昼长，时间因此显得慢了，形容阳春季节气候宜人。"迟日"之温暖，之明媚，正可引出下文。之后出现的所有景象都发端于"迟日"，因有春日暖阳，才有万物的欣欣向荣。通过"丽""香"，可以自然地联想到青山绿水、百花争艳、芳草如茵、风送馨香的春日图。这两句虽是粗线条勾画，笔下却是春意盎然，用笔虽简而色调浓郁。

　　后两句转向细节着笔，用工笔细描，刻画出一动一静两幅画面。春来泥融，燕子飞来飞去衔泥筑巢，这是一幅春闹图，蕴含着春天的勃勃生机；日丽沙暖，鸳鸯慵睡在沙洲上，静享煦暖的阳光，这是一幅春睡图，洋溢着春天的闲适惬意。

　　全诗如画，意境阔远，格调清新，落笔粗细相宜，动静相映成趣，极具艺术美感。从中可以感受到，诗人经过忧患后回归草堂的安适心情，以及对初春时节万物勃发、一派生机的欣喜之情。

春秋多佳日，登高赋新诗。

"春秋多佳日，登高赋新诗。"在这个春意盎然的美好时节，我很高兴同各位嘉宾一道，共同出席第二届"一带一路"国际合作高峰论坛。

——《齐心开创共建"一带一路"美好未来——
在第二届"一带一路"国际合作高峰论坛
开幕式上的主旨演讲》(2019 年 4 月 26 日)

[延伸阅读]

　　站得更高，视野就更大，看得就更远。风和日丽之时登高远望，是中国古代诗词中经常出现的情景。2019 年的春天，第二届"一带一路"国际合作高峰论坛在北京召开，习近平主席在开幕式上的主旨演讲中，以"春秋多佳日，登高赋新诗"开头，既应和了春回大地、风和日丽之景，更传达了高朋满座、共谋发展之意。

　　2013 年 9 月和 10 月，习近平主席在出访哈萨克斯坦和印度尼西亚时，先后提出共建"丝绸之路经济带"和"21 世纪海上丝绸之路"的重大倡议。共建"一带一路"倡议源自中国，更属于世界；根植于历史，更面向未来；重点面向亚欧非大陆，更向所有伙伴开放。截至 2022 年 9 月 30 日，中国已与 149 个国家、32 个国际组织签署 200 余份共建"一带一路"合作文件。事实证明，共建"一带一路"不仅为世界各国发展提供了新机遇，也为中国开放发展开辟了新天地。

　　2017 年 5 月，首届"一带一路"国际合作高峰论坛召开，规划政策沟通、设施联通、贸易畅通、资金融通、民心相通的合作蓝图。两年后，来自世界各地的朋友再次聚首，共同开创共建"一带一路"的美好未来。习近平主席在开幕式上倡议，要秉持共商共建共享原则，坚持开放、绿色、廉洁理念，努力实现高标准、惠民生、可持续目标，共同绘制精谨细腻的"工笔画"，推动共建"一带一路"沿着高质量发展方向不断前进。

[诗词释义]

移居二首（其二）

〔晋〕陶渊明

春秋多佳日，登高赋新诗。

过门更相呼，有酒斟酌之。

农务各自归，闲暇辄相思。

相思则披衣，言笑无厌时。

此理将不胜？无为忽去兹。

衣食当须纪，力耕不吾欺。

  陶渊明辞官隐居多年后，移居浔阳南村（即栗里，在今江西九江城外）村舍。《移居二首》描写了与南村邻里交往之乐。第一首写移居求友的初衷，即邻人质朴淡泊，与他们时时相聚，谈古论今，奇文共赏，乐数晨夕。第二首讲与邻里和谐共处的日常情事，登高赋诗，共饮美酒，农忙时辛勤耕作，闲暇时相思互访，言谈甚欢，不知厌倦。

  "春秋多佳日，登高赋新诗"即出自第二首。以"春秋"二字领起全篇，说明所叙情事并非偶一为之，而是日常乐趣。这两句看似平淡，嚼之有味。蒋薰评论此诗："直是口头语，乃为绝妙词。"春秋是耕种和收获的农忙季节，"佳日"不仅要天气晴好，还须从繁忙的农活中偷出闲来，如果没有雅趣，是不会乐此不疲的。重要的是还有好邻居一道登高赋诗，这些人绝不是普通农夫，而应该是志趣相投的雅士，大家不是附庸风雅，而是共享天然之趣。这两句后人多有引用，以抒写登临时的愉悦之情，而这份怡然自得，除来自良辰美景之外，更多是来自情投意合的人相伴。

过门呼饮，闲时相思，披衣聚首，处处可见友谊之深挚，任情之快意。诗人认为自然之乐高于一切，难怪要久居于此。结尾点明自然之乐的根源在于"力耕"，只有自食其力，返璞归真，才能尽享自然之乐。此诗以乐发端，以勤收尾，从自然之乐的情趣上升到自然之道的理趣，诗人朴素唯物的自然观可见一斑。

日月不肯迟，四时相催迫。

日月不肯迟，四时相催迫。今天，我们欢聚一堂，畅叙友情，辞旧迎新，心情格外高兴！

——《在全国政协新年茶话会上的讲话》（2018 年 12 月 29 日）

[延伸阅读]

每年元旦前后，全国政协都会举办一次新年茶话会。会上，党和国家领导人同各民主党派中央、全国工商联负责人和无党派人士代表、中央和国家机关有关方面负责人以及首都各族各界人士代表欢聚一堂，喜迎新的一年。在 2019 年到来之际，习近平总书记在全国政协新年茶话会上，以陶渊明的这两句"日月不肯迟，四时相催迫"概括时间的流逝，表达"必须风雨兼程、再接再厉"的决心。

时间不等人，历史不等人；时间属于奋进者，历史属于奋进者。在 2020 年春节团拜会上强调"同时间赛跑、同历史并进"，在 2020 年新年贺词中勉励"只争朝夕，不负韶华"……习近平总书记对于"时间"，有着深刻的认识。早在 2004 年 1 月，还在浙江工作时，他就写过一篇题为《珍惜在位时》的文章："一个领导干部，在位的时间是有限的，在一个地方工作的时间更有限。我们每一个领导干部都要以'只争朝夕'的精神，倍加珍惜在位的时间，充分利用这有限的时间，多为群众办实事、办好事。"正如习近平总书记强调的，"近代以后，中华民族被各种内忧外患耽误的时间太久了，因此中国人民始终有着超乎寻常的紧迫感、时代感"。只有保持时不我待的紧迫感、舍我其谁的责任感、快马加鞭的进取心，我们才能"在人类的伟大时间历史中创造中华民族的伟大历史时间"。

杂诗（其七）

〔晋〕陶渊明

日月不肯迟，四时相催迫。

寒风拂枯条，落叶掩长陌。

弱质与运颓，玄鬓早已白。

素标插人头，前涂渐就窄。

家为逆旅舍，我如当去客。

去去欲何之？南山有旧宅。

这首诗是陶渊明《杂诗》十二首中的第七首。诗人自叹衰老，感慨岁月易逝，唯有顺应四时，视死如归。我们从中也可窥见诗人对待生死无喜无忧无惧的达观精神。

"日月不肯迟，四时相催迫"，日夜更替不肯放慢，四个季节相互催促，意谓一天天、一年年过得很快。古人慨叹时光飞逝、人生短暂的佳句数不胜数，《论语》中"逝者如斯夫，不舍昼夜"，《庄子》中"人生天地之间，若白驹之过隙，忽然而已"，屈原《离骚》里"日月忽其不淹兮，春与秋其代序"，李白《短歌行》里"白日何短短，百年苦易满"，等等，都表达了对光阴难再的无奈。

正因为时光一去不复返，劝人惜时的诗句也层出不穷。陶渊明在《惜时》中写道："盛年不再来，一日难再晨。及时当勉励，岁月不待人。"此外，"劝君莫惜金缕衣，劝君惜取少年时"（唐无名氏《金缕衣》），"我生待明日，万事成蹉跎"（明钱福《明日歌》）等，都是脍炙人口的警句，劝诫人们珍惜时光，不负光阴。

不似天涯，卷起杨花似雪花。

五峰如指翠相连，撑起炎荒半壁天。
夜盥银河摘星斗，朝探碧落弄云烟。

绿衣歌舞不动尘，海仙骑鱼波袅袅。

　　海南的青山绿水、碧海蓝天自古就为文人雅士所称道。苏东坡的"不似天涯，卷起杨花似雪花"；丘浚的"五峰如指翠相连，撑起炎荒半壁天。夜盥银河摘星斗，朝探碧落弄云烟"；杨维桢的"绿衣歌舞不动尘，海仙骑鱼波袅袅"，无不描绘出海南宛如仙境的动人景象。海南生态环境是大自然赐予的宝贵财富，必须倍加珍惜、精心呵护，使海南真正成为中华民族的四季花园。

　　　　　——《在庆祝海南建省办经济特区30周年大会上的讲话》（2018年4月13日）

[延伸阅读]

　　1988 年 4 月，七届全国人大一次会议正式批准设立海南省，划定海南岛为经济特区。从此，海南这个祖国美丽的海岛迎来了前所未有的发展机遇，进入了深化改革、扩大开放的历史新阶段。2018 年 4 月，海南建省办经济特区 30 周年之际，习近平总书记在庆祝大会上发表重要讲话，强调"海南经济特区是我国经济特区的一个生动缩影，海南经济特区取得的成就是改革开放以来我国实现历史性变革、取得历史性成就的一个生动缩影"，勉励海南"成为展示中国风范、中国气派、中国形象的靓丽名片"。

　　三十而立，蓄势待发。习近平总书记对海南提出的六点要求中，第四点就是"要牢固树立和全面践行绿水青山就是金山银山的理念，在生态文明体制改革上先行一步，为全国生态文明建设作出表率"。他以描写海南风貌的美丽诗句，说明青山绿水、碧海蓝天是海南最强的优势和最大的本钱，是一笔既买不来也借不到的宝贵财富，破坏了就很难恢复，要像对待生命一样对待这一片海上绿洲和这一汪湛蓝海水。人不负青山，青山定不负人。坚持在发展中保护、在保护中发展，我们就一定能使绿水青山产生巨大生态效益、经济效益、社会效益，打造青山常在、绿水长流、空气常新的美丽中国。

[诗词释义]

减字木兰花·立春

〔宋〕苏轼

春牛春杖，无限春风来海上。便与春工，染得桃红似肉红。

春幡春胜，一阵春风吹酒醒。不似天涯，卷起杨花似雪花。

这是一首礼赞海南的咏春词，是苏轼被贬海南儋州时所作。上阕写海南春早，春风无限，桃花红艳，一派农民备耕的热闹景象，流露出诗人的喜悦之情。下阕写迎春仪式的宴席上春酒醉人，预兆丰收之年，飞舞的杨絮好似雪花，并无人在天涯之感，表现出诗人对海南的亲切之情。两阕均从春俗发端，施土牛持犁杖打春、立春幡剪春胜迎春，足见诗人对当地习俗的认同；接着均写春风，"无限"突出壮阔之境，"醉人"突出温暖之感，奠定了欢悦的基调；最后都写春花，红白相映，绚丽多彩。

"不似天涯，卷起杨花似雪花"，以雪花喻杨花，暗藏时令与物候的对比，可以说是别有一番意趣。立春之日，海南已经杨花纷飞；而此时的中原或许还有"春雪满空来"。相同的时间，即使气候、物候不同，却有相似的景色，可见其"不似天涯"。

然而，有"不似天涯"之说，也正是因为此处"正是天涯"。海南在当时仍被视为偏远的"天涯海角"，让人有沉郁飘零之悲。苏轼却一扫悲凉之意，观春牛春幡，赏春工春色，写出了对海南之春的欣喜，抒发了对海南的热爱。苏轼称儋州为第二故乡，"我本儋耳氏，寄生西蜀州"。他在海南期间，开荒拓土，创办学堂，大大推进了海南的发展，从该词中也可见其"此心安处是吾乡"的旷达之怀。

题五指山

〔明〕丘浚

五峰如指翠相连，撑起炎荒半壁天。

夜盥银河摘星斗，朝探碧落弄云烟。

雨余玉笋空中现，月出明珠掌上悬。

岂是巨灵伸一臂，遥从海外数中原。

五指山是海南岛的标志，也是岛上主要江河的发源地，因风景秀丽引得古今到此一游的文人畅怀吟咏，其中以琼州才子明代丘浚的《题五指山》最为著名。

这首诗运用比喻、拟人等修辞手法，把五指山写得曼妙灵动、雄姿勃发，而又趣味盎然。首联描述五指山翠色相连的美景、直冲云霄的威势，给海南岛这样一个炎热荒凉之地带来无限绿意和清凉。颔联和颈联围绕"手"这一中心意象，从不同角度描摹五指山的秀美风光：夜间，五指山仿佛在银河中洗手，采摘星斗；清晨，这巨型手掌又探向碧空，把玩云烟。雨过之后，它如同玉笋耸立空中；明月出来，好似悬在它手掌上的夜明珠。如此亦梦亦幻的神奇景象，让诗人禁不住产生联想：这五指的主人究竟是谁？诗人以奇绝的想象力给出答案：这可能是巨灵山神伸出手臂，遥遥指点着中原的大好河山。

这首诗既赞美了五指山的雄奇瑰丽，同时也寄托了诗人的宏伟志向。"撑""玉笋""数中原"等字眼不仅形象地描绘出五指山高峻坚挺、一柱擎天、大气磅礴的画境，同时也体现出诗人自信、坚毅、高洁的品格，以及虽偏居一隅却胸怀国家、以天下为己任的远大抱负。

罗浮美人歌

〔元〕杨维桢

海南天空月皓皓，三山如拳海如沼。
绿衣歌舞不动尘，海仙骑鱼波袅袅。
翩然而来坐芳草，皎如白月射林杪。
洗妆不受瘴烟昏，缟袂初逢鸿欲矫。
手持昆山老人篆①，黄鹤新腔知音少。
江南吹断桃叶肠，雨声夜坐巫山晓。

罗浮山为粤中名山。关于"罗浮"，还有一则典故。据柳宗元《龙城录》记载，隋文帝时期，赵师雄被贬谪，途经罗浮山，正值天寒日暮，月色微明，恍惚间遇一女子，淡妆素服，芳香袭人，与师雄交谈，言语清丽。二人相谈甚欢，同入酒家畅饮。席间来了位绿衣童子，欢歌笑舞，令人赏心悦目。师雄大醉而眠，醒后发现自己在梅花树下，上面翠鸟鸣啾，月落星垂，方知先前女子乃梅花之魂。后多用"罗浮"或"罗浮梦"咏梅花。诗中"绿衣歌舞"应指典故中载歌载舞的绿衣童子，跳舞时绿衣飞扬，却尘土不沾，可以想见环境幽美，一尘不染。

"海仙骑鱼波袅袅"，刻画出海中仙人骑在鱼背上穿梭自如的曼妙姿态。在我国古典诗歌中，蕴含着大量有关仙人的神话传说，不仅展现了古人浪漫的想象力，也寄寓着他们对极乐世界的向往。"仙人"不只代表天宫之上的一众天仙，还包含了江河湖海中的各类神仙。从洋洋洒洒的《洛神赋》，到妇孺皆知的"八仙过海"，无数诗词歌赋和神话传说都记载过仙人与河海这两个意象的奇妙联系，并借此表现河海的神秘与自然的魅力。

同样，这两句诗虽没有美轮美奂的景物描写、细致入微的心理刻画，却通过蕴含其中的典故传奇和神话意象，令人体会到在毗邻南海的罗浮山，无论是周遭景色还是内心情感，都洋溢着美好、自由与舒畅。

注释：

①篴（dí）：同"笛"。

接天莲叶无穷碧，映日荷花别样红。

　　"接天莲叶无穷碧，映日荷花别样红。"在中央政府、澳门特别行政区政府和社会各界人士共同努力下，在全国各族人民大力支持下，"一国两制"在澳门的实践必将谱写出新的精彩篇章，澳门这朵祖国的美丽莲花必将绽放出更加绚丽、更加迷人的色彩！

——《在庆祝澳门回归祖国15周年大会暨澳门特别行政区第四届政府就职典礼上的讲话》

(2014年12月20日)

[延伸阅读]

澳门，古称"莲岛"。从空中俯瞰，澳门半岛就像一朵莲花，绽放在万顷碧波之上。澳门特别行政区的区旗，也寓意"五星照耀下的莲花"。1999 年 12 月 20 日零时，在雄壮的《义勇军进行曲》中，五星红旗和澳门特别行政区区旗冉冉升起，阔别已久的澳门回到祖国的怀抱。这是继香港回归后，祖国统一大业进程中又一座历史丰碑。2014 年 12 月 20 日，在庆祝澳门回归祖国 15 周年大会暨澳门特别行政区第四届政府就职典礼上，习近平主席引用"接天莲叶无穷碧，映日荷花别样红"，表达对澳门这朵祖国美丽莲花未来的美好祝愿。

澳门回归祖国以来，取得的成就举世瞩目。总结澳门"一国两制"成功实践，习近平主席提出了四点重要经验：始终坚定"一国两制"制度自信；始终准确把握"一国两制"正确方向；始终强化"一国两制"使命担当；始终筑牢"一国两制"社会政治基础。正如习近平主席强调的，澳门的成功实践告诉我们，不断巩固和发展同"一国两制"实践相适应的社会政治基础，在爱国爱澳旗帜下实现最广泛的团结，是"一国两制"始终沿着正确轨道前进的根本保障。

[诗词释义]

晓出净慈寺送林子方

〔宋〕杨万里

毕竟西湖六月中，风光不与四时同。
接天莲叶无穷碧，映日荷花别样红。

　　净慈寺在南宋首都临安（今浙江杭州）西湖南岸，与灵隐寺同为西湖南北山间的两大著名佛寺。林子方与诗人志同道合，当时由直阁秘书调赴福州任职，诗人清晨步出净慈寺送友人赴任，路过西湖，吟出这首脍炙人口的七言绝句。

　　六月的西湖，有着独特的风光。开篇"毕竟"二字，道出面对此时西湖风景的惊喜，恰如其分地表达了诗人触目兴叹的瞬间感受，这是脱口而出的由衷赞美，虽未描摹一物，却令人充满期待与想象，为接下来的描摹做好铺垫。紧接着，三、四句用强烈的色彩对比，涂染出一幅绚丽绝伦的画面：铺展到天际的莲叶碧绿无垠，朝阳映照下的荷花分外娇红。这两句运用了互文的修辞手法，文义交错互见：莲叶、荷花连天涌动，与日光辉映，一"碧"一"红"，无边无际，明艳异常。全诗先抒发感受，再描绘实景，既画出莲叶、荷花的柔美，又渲染出天地阳光的辽阔，可谓虚实相生，刚柔相济，境界宏远，情景壮美，确实给人以"风光不与四时同"的艺术冲击力。

　　这首诗虽是送别诗，但诗中无一字提及友谊，也未流露出离情别绪。然而诗人极言六月西湖之美，却让我们能品出含蓄丰沛的别情：或许有对友人离开美丽临安的不舍，或许有对不能常聚畅谈的惆怅，或许还有对友人前程锦绣的祝福，以及早日归来共赏西湖的期盼。莲花是澳门特别行政区的区花，引用这两句流传千古的诗句来祝福澳门的美好未来，既自然贴切，又意味深远。

风翻白浪花千片，雁点青天字一行。

　　每年春秋两季，都有成群的大雁来到这里，雁栖湖因此得名。亚太经合组织的 21 个成员，就好比 21 只大雁。"风翻白浪花千片，雁点青天字一行。"今天，我们聚首雁栖湖，目的就是加强合作、展翅齐飞，书写亚太发展新愿景。

——《共建面向未来的亚太伙伴关系——在亚太

经合组织第二十二次领导人非正式会议上的

开幕辞》(2014 年 11 月 11 日)

[延伸阅读]

2014 年 11 月，亚太经合组织（APEC）第二十二次领导人非正式会议在北京举行。这是中国加入亚太大家庭 23 年来第二次、也是时隔 13 年后再次成为 APEC 东道主。这次会议的主题，是"共建面向未来的亚太伙伴关系"。习近平主席在会议上的讲话中强调，面对新形势，亚太经济体应深入推进区域经济一体化，打造发展创新、增长联动、利益融合的开放型亚太经济格局，共建互信、包容、合作、共赢的亚太伙伴关系，为亚太和世界经济发展增添动力。

在开幕辞中，习近平主席以雁开头、以雁作结。这不仅是因为，会议是在北京怀柔雁栖湖畔举行，正合"雁栖"之名之景；更是因为，大雁群飞、雁阵纵横的意象，也正与亚太经合组织 21 个成员共同构建"开放包容、创新增长、互联互通、合作共赢的亚太命运共同体"的愿景相合，以雁阵展翅冀望迎接亚太地区共同繁荣的未来。正如习近平主席在开幕辞结尾所言：一花不是春，孤雁难成行。亚太是我们的共同家园，维护亚太和平稳定、促进发展繁荣符合我们的共同利益。只有深化命运共同体意识，持续推进区域经济一体化，加快创新发展步伐，促进区域互联互通，实现包容和可持续发展，才能把愿景一步步转变为现实，为亚太人民造福。

[诗词释义]

江楼晚眺，景物鲜奇，吟玩成篇，寄水部张员外

〔唐〕白居易

澹烟疏雨间斜阳，江色鲜明海气凉。

蜃散云收破楼阁，虹残水照断桥梁。

风翻白浪花千片，雁点青天字一行。

好著丹青图画取，题诗寄与水曹郎。

白居易担任杭州刺史期间，有一次恰逢雨霁日暮，诗人登上杭州城楼眺望江上美景，在感叹景色鲜奇的同时，念及远在长安的友人张籍，吟成这首著名的写景诗，寄与友人。张籍曾任水部员外郎，故被称为"水部张员外"和"水曹郎"。

前三联细腻地描摹了江楼晚眺的美景。首联为全景，明淡相宜：轻烟细雨若有若无在江上飘荡，斜阳余晖星星点点投射到江面；江水澄净明亮，海风清凉袭人。颔联为奇观，虚实相生：海市蜃楼渐渐退去，云气消散有如残破的楼阁；天边彩虹慢慢缺损，水中仿佛倒映着一座断桥。颈联为动景，俯仰相合：俯瞰江面，晚风翻起层层白浪，恰似花儿千片随风飞舞；仰望碧空，一行大雁列队飞过，好像在青天点上一行字迹。如此亦真亦幻之胜景，证明所谓"景物鲜奇"并非虚言。尾联写诗人命人作画，题诗寄给好友，分享美景奇观。

　　"风翻白浪花千片,雁点青天字一行"是诗眼。一"翻"一"点",诗中有画境,画中传诗情,使景物生机无限,意趣盎然;一俯一仰,水上之景壮阔,天上之景高远,令全诗境界超拔,意味深厚。难怪张籍在和诗《答白杭州郡楼登望画图见寄》中赞叹,"乍惊物色从诗出,更想工人下手难",称赞白居易把景物写活了。

山明水净夜来霜，数树深红出浅黄。

按照中国的节气，两天前刚刚立冬。秋冬之交是个多彩的季节。"山明水净夜来霜，数树深红出浅黄。"银杏的黄，枫叶的红，给北京这座古都增添了色彩。经过一年辛勤耕耘，中国和亚太经合组织成员一道，期待在即将举行的第二十二次领导人非正式会议上收获硕果。

——《谋求持久发展　共筑亚太梦想——在亚太经合组织工商领导人峰会开幕式上的演讲》

(2014 年 11 月 9 日)

[延伸阅读]

　　亚太地区汇集了古老文明和新兴力量，创造了悠久历史和灿烂文化。这里的人民勤劳，这里的山河美丽，这里的发展动力强劲，这里的未来前景光明。占世界人口的 40%、经济总量的 57%、贸易总量的 48%……今天的亚太，是全球经济发展速度最快、潜力最大、合作最为活跃的地区，是世界经济复苏和发展的重要引擎，在世界格局中的地位不断上升。亚太经合组织成立于 1989 年，这 30 多年，是世界格局加速演变、全球治理深刻重塑的 30 多年，也是亚太地区发生翻天覆地变化的 30 多年。

　　在 2014 年 11 月北京举行的亚太经合组织工商领导人峰会开幕式上，习近平主席以"山明水净夜来霜，数树深红出浅黄"，描绘秋冬之交北京的美丽景色。正如秋天是收获的季节，这次峰会也成果丰硕，实现了预期目标。会议明确了未来亚太合作的方向与目标、作出了启动亚太自贸区进程的重大决定、勾画了建设亚太互联互通网络的新蓝图、开辟了一系列全球性问题的合作新领域。这是一次开创性的历史盛会，书写了难忘的历史新篇，留下了深刻的历史印记。正如习近平主席所说："当我们回顾雁栖湖会议这段历史时，可以自豪地说：我们做了应该做的事。"

[诗词释义]

秋词二首（其二）

〔唐〕刘禹锡

山明水净夜来霜，数树深红出浅黄。

试上高楼清入骨，岂如春色嗾人狂①。

　　《秋词二首》是诗人被贬朗州（在今湖南常德）司马时所作。其一为："自古逢秋悲寂寥，我言秋日胜春朝。晴空一鹤排云上，便引诗情到碧霄。"文人悲秋，自古皆然。这两首诗不作悲声，反倒唱出昂扬向上的慷慨高歌。这也正是这两首《秋词》的不同寻常之处。

　　"山明水净夜来霜，数树深红出浅黄"，采用白描手法，勾勒出秋天清朗明丽的景色：夜晚下了霜，早晨山水都很明净，一片片浅黄的树叶中点缀着几树深红，色彩淡雅，错落有致，宛如澄明恬淡的谦谦君子，让人心生敬意。

　　"试上高楼清入骨，岂如春色嗾人狂"，意思是说，如果登上高楼举目四望，你就会感到神清气爽、心境澄明，怎会像百花争艳、浓丽馥郁的春天那样让人躁动轻狂呢！嗾，唆使，此处用了拟人手法。三、四句将春、秋两季进行对比，揭示出春重形色、秋看风骨，用春季的浓艳、轻浮反衬出秋季的素雅、高洁，点明诗旨。

　　《秋词二首》主题相同，但各有侧重。其一吟唱秋的生气，

赞颂"晴空一鹤排云上"的高远志向；其二吟咏秋的本色，赞美
"山明水净""清入骨"的高洁情操。诗人的人生旨趣蕴含在鲜明
的形象和清隽的意境中，人们从中可以获得深刻的艺术美感和思
想启迪。

注释：

①嗾（sǒu）：唆使。

传 友 谊

青山一道同云雨，明月何曾是两乡。

　　"青山一道同云雨，明月何曾是两乡。"让我们携起手来，站在历史正确的一边，站在人类进步的一边，为实现世界永续和平发展，为推动构建人类命运共同体而不懈奋斗！

——《在中华人民共和国恢复联合国合法席位50周年纪念会议上的讲话》(2021年10月25日)

[延伸阅读]

1971 年 10 月 25 日，第二十六届联合国大会通过决议，恢复中华人民共和国在联合国的一切合法权利。这标志着约占世界人口四分之一的中国人民从此重新走上联合国舞台，对中国、对世界都具有重大而深远的意义。2021 年 10 月 25 日，是新中国恢复联合国合法席位 50 周年。在纪念会议上，习近平主席深情回顾这 50 年，认为这是"中国和平发展、造福人类的 50 年"。在讲话的结尾处，他引用"青山一道同云雨，明月何曾是两乡"这两句诗，表达"世界大同、天下一家"的中国主张，展现推动构建人类命运共同体的博大胸怀和使命担当。

当前，世界之变、时代之变、历史之变正以前所未有的方式展开。一方面，和平、发展、合作、共赢的历史潮流不可阻挡，人心所向、大势所趋决定了人类前途终归光明。另一方面，恃强凌弱、巧取豪夺、零和博弈等霸权霸道霸凌行径危害深重，和平赤字、发展赤字、安全赤字、治理赤字加重，人类社会面临前所未有的挑战。世界又一次站在历史的十字路口，何去何从取决于各国人民的抉择。正如这两句诗所传递的意蕴，人类在同一个星球上，是一个命运共同体。中国将坚持走和平发展之路，始终做世界和平的建设者；坚持走改革开放之路，始终做全球发展的贡献者；坚持走多边主义之路，始终做国际秩序的维护者，同世界人民携手开创人类更加美好的未来。

[诗词释义]

送柴侍御

〔唐〕王昌龄

流水通波接武冈，送君不觉有离伤。
青山一道同云雨，明月何曾是两乡。

　　这是王昌龄贬任龙标（今湖南洪江）尉期间写给友人柴侍御的送别诗。友人要从龙标前往武冈（今属湖南城步苗族自治县），"流水通波"（一作"沅水通流"）表明两地通过沅江水路相"通"相"接"，给人以比邻之感，为此才有"送君不觉有离伤"之说。前两句笔调轻快，一扫送别诗常见的离愁别绪。三、四句继续阐明"不觉有离伤"的深意：两地青山相连，你我沐浴的是同一片云雨，凝望的是同一轮明月，又何曾分处两乡呢？这两句一正一反申说，想象精妙，意境灵动，既起到劝慰友人、抛却离愁的作用，又蕴含两地相牵、天涯同心的情谊。

　　再反观"送君不觉有离伤"，其实未必真无"离伤"，而是诗人借用想象之力，将"离伤"寄托给了"流水""青山""云雨""明月"，通过渲染两地之"通"之"同"，缩短心理距离，直至把"两乡"化为"一乡"。这两句诗与"海上生明月，天涯共此时"（张九龄《望月怀远》）、"但愿人长久，千里共婵娟"（苏轼《水调歌头》）等诗句有异曲同工之效，引人共鸣，感人至深。

与君远相知，不道云海深。

"与君远相知，不道云海深。"很高兴出席博鳌亚洲论坛 2021 年年会，同大家在"云端"相聚。

——《同舟共济克时艰，命运与共创未来——在博鳌亚洲论坛 2021 年年会开幕式上的视频主旨演讲》(2021 年 4 月 20 日)

[延伸阅读]

南海之滨，万泉河畔，博鳌镇旁，一座白色的膜结构建筑矗立在绿树繁花之间。2001 年 2 月，第一个将永久会址设在中国的大型国际会议组织——博鳌亚洲论坛，在这里正式成立。2021 年，博鳌亚洲论坛迎来成立 20 周年。成立 20 年来，博鳌亚洲论坛与中国共进步、与亚洲共发展，见证了中国、亚洲、世界走过的不平凡历程，在促进亚洲和世界发展上发挥了重要影响力、推动力。2013 年、2015 年、2018 年，习近平主席三次出席博鳌亚洲论坛年会开幕式并发表主旨演讲。2021 年，习近平主席以视频方式出席博鳌亚洲论坛 2021 年年会开幕式并发表主旨演讲。在主旨演讲的一开头，他就以"与君远相知，不道云海深"这两句古诗，道出对各国嘉宾相聚"云端"的欢迎，表达了对新老朋友的问候和祝愿。

在这次演讲中，习近平主席着眼应对百年变局和世纪疫情，倡议亚洲和世界各国要回应时代呼唤，朝着构建人类命运共同体方向不断迈进，强调"中国将继续做世界和平的建设者、全球发展的贡献者、国际秩序的维护者"。习近平主席的主旨演讲，传递着鲜明的中国理念、中国方案，为我们同舟共济克时艰、命运与共创未来汇聚了信心和力量。

[诗词释义]

寄驩州（残句）

〔唐〕王昌龄

与君远相知，不道云海深。

这两句诗是盛唐诗人王昌龄《寄驩州》的残句。这首诗是写给一位远在驩州的朋友。驩州，唐州名，治所在九德（今越南荣市）。这两句的意思是，我和你虽然相隔万里，但只要彼此心心相印，就不在乎云海深深、路途漫漫了。

日本僧人空海在其编撰的《文镜秘府论》中，讲到写诗的一项技巧是"直把入作势"，相当于开门见山的写法，作者举的例子就是这两句。由此可见，"与君远相知，不道云海深"应该是诗的头两句。

这两句诗至今被人传诵，恐怕是因其抒发天涯相隔之情而不失豪迈，豪迈中不乏隽永，既体现了阔达的世界观和人生观，又饱含着对友人的深厚情谊。相似的名句还有曹植的"丈夫志四海，万里犹比邻"（《赠白马王彪》）、王勃的"海内存知己，天涯若比邻"（《送杜少府之任蜀川》）、张九龄的"相知无远近，万里尚为邻"（《送韦城李少府》）等，均是意境宏阔、风格豪放、情思绵长，于别情中有振奋人心的力量，因此为后人称颂。上述诗句也适合用作迎宾祝辞，表达只要彼此心意相通，纵然天各一方，犹在比邻。

海内存知己，天涯若比邻。

"海内存知己，天涯若比邻。"中阿两国虽然相距遥远，但两国人民热爱和平，相知相守。两国关系经历了国际风云变幻考验，成为新兴市场国家和发展中国家团结合作、共同发展的典范。

——在阿根廷媒体发表署名文章《开创中阿关系新时代》(2018 年 11 月 29 日)

2018 年 11 月，习近平主席出席二十国集团领导人布宜诺斯艾利斯峰会并对阿根廷共和国进行国事访问。此行之前，习近平主席在阿根廷媒体发表署名文章，文章一开始就引用"海内存知己，天涯若比邻"这两句诗，用以说明中阿两国虽然相距遥远，但两国人民热爱和平，相知相守。两国关系经历了国际风云变幻考验，成为新兴市场国家和发展中国家团结合作、共同发展的典范。

地理上的遥远挡不住合作的热情。这是习近平就任中国国家主席后，第二次到访阿根廷。常往常新，为了体现不一样的安排，时任阿根廷总统马克里特意将欢迎仪式放在总统官邸橄榄庄园举行。总统官邸草坪上，两位元首同马球运动员交流互动，习近平主席还挥杆击球，并赠送给马克里总统一幅中国刺绣《唐女马球图》。此次访问中，中阿签署了未来 5 年共同行动计划以及约 30 项合作文件，为下阶段双边合作提供指南和动力，中阿同意将全面战略伙伴关系扩展至"一带一路"倡议，携手推动共建"一带一路"，对接双方发展规划，统筹推进各层次各领域交流合作。这充分说明，志合越山海，共建"一带一路"、构建"人类命运共同体"等中国倡议、中国方案，得到了广泛的认可与赞同。只有把本国利益同各国共同利益结合起来，努力扩大各国共同利益汇合点，才能建设和谐合作的国际大家庭。

[诗词释义]

送杜少府之任蜀川

〔唐〕王勃

城阙辅三秦，风烟望五津。

与君离别意，同是宦游人。

海内存知己，天涯若比邻。

无为在歧路，儿女共沾巾。

　　此诗是送别诗的名作。友人从首都长安（今陕西西安）远赴被视为仕宦畏途的蜀地任职，关山万里，相见无期，诗中却一洗历来离别诗中的悲戚缠绵之调，意境旷达，气象宏远。

　　首联以磅礴之势开篇，都城长安由三秦护卫，巴蜀之地有五津相连，想象中的视野跨过漫漫旅程、重重风烟，转身即天涯的惜别之意呼之欲出。颔联点明二人"离别"的深意，同是客居在外做官的仕人，又于客居中话别，自然更解别离之味，但为官之路就是宦游四方，离别乃常态，又何必伤怀！颈联愈加放达，只要四海之内有知心朋友，即使远隔天涯也犹如比邻而居！这一联表明真正的友情跨越时空、无所不在，也展现出诗人豁达的胸襟和炽热的情感。尾联扣住"送"的主题。"歧路"，即岔路，古人送行时常在岔路口分手，所以临别也称"临歧"。结尾劝慰友人在分手的路口不要儿女情长、泪湿巾帕，豪迈之风宛如目见。

送别诗多借景物寄托离愁，但此诗跳出窠臼，"兴象宛然，气骨苍然"（胡应麟《诗薮》），成为送别诗中的千古绝唱。其中，"海内存知己，天涯若比邻"一般认为化用了曹植《赠白马王彪》的"丈夫志四海，万里犹比邻"，但是对仗更工整，意趣更隽永，成为朋友临别相赠、表达深情厚谊的传世名句。

相知无远近，万里尚为邻。

"相知无远近，万里尚为邻。"事实证明，浩瀚的太平洋是中国同岛国关系发展的纽带。放眼全球，新一轮科技革命和产业变革深入发展，如何把握机遇、共克时艰、加快发展，是中国和岛国共同的历史任务，也是双方人民共同的美好心愿。

——在巴布亚新几内亚媒体发表署名文章《让中国同太平洋岛国关系扬帆再启航》(2018年11月14日)

[延伸阅读]

2018 年 11 月 15 日至 21 日,习近平主席出席亚太经合组织(APEC)第二十六次领导人非正式会议,对巴布亚新几内亚(简称"巴新")、文莱和菲律宾进行国事访问并在巴新同建交的太平洋岛国领导人会晤。在对巴新进行国事访问前夕,习近平主席在巴布亚新几内亚《信使邮报》《国民报》发表署名文章,引用"相知无远近,万里尚为邻"两句诗,表达让中国同太平洋岛国关系扬帆再启航的希望。

太平洋岛国地处中国大周边和 21 世纪海上丝绸之路延伸地带,是亚太大家庭重要成员。巴新是面积最大、人口最多的太平洋岛国,自然资源丰富,发展潜力巨大,是一片充满希望的热土。早在 100 多年前就有华人漂洋过海来到这里,扎根当地、辛勤劳动,为巴新经济社会发展作出了重要贡献。习近平主席此次访问不仅受到巴新政府高规格接待,而且受到当地民众自发热烈欢迎,夹道簇拥的人群、真诚友好的笑靥、欢腾起舞的场景处处可见。习近平主席讲起中国"和平方舟"为岛国提供诊疗服务等感人故事,回顾了他担任福建省省长期间推动实施福建省援助巴新东高地省菌草、旱稻种植技术示范项目,在巴新同两国乒乓球运动员、当地师生亲切互动,亲力亲为厚植民间友好。中国同巴新关系的迅速发展,是中国同太平洋岛国整体关系发展的缩影。正如习近平主席强调的,不论国际风云如何变幻,中国同太平洋岛国始终是同舟共济、守望相助的好朋友、好伙伴、好兄弟。

[诗词释义]

送韦城李少府

〔唐〕张九龄

送客南昌尉，离亭西候春。
野花看欲尽，林鸟听犹新。
别酒青门路，归轩白马津。
相知无远近，万里尚为邻。

　　这首诗是唐代著名诗人张九龄所作。诗题点明这是一首送别诗。韦城，在今河南省滑县东南；少府，即县尉的别称。首联点明送别的事件、人物、时间、地点，春天诗人在西边驿亭送友人李少府返回韦城任所。汉代梅福曾任南昌尉，后传成仙（见《汉书》本传），后代以仙尉为县尉的美称。此南昌尉代指李少府。颔联直译为美丽的野花尽收眼底，林中的鸟鸣尤感清新。送别场面一片喜庆，毫无悲凄之情。颈联交代了友人的行程。青门，即长安东门，这里有灞桥，古人常送客至此，折柳赠别。白马津，古渡，在今河南滑县，代指韦城。时李氏任韦城尉，故用"归"字。尾联意味深长，说你我这样彼此相知之人是不分远近的，即使相隔万里也如同邻居。这两句诗既抒发了友谊情深，又写得气度恢宏，使读者在体会到离情的同时，也感悟到深刻的人生哲理。

　　历代的送别之作数不胜数，大多以感伤悲怆的情调为主，正像江淹《别赋》里写的，自古言别总让人黯然魂销。而"相知无远近，万里尚为邻"这两句诗，格调昂扬，催人振奋，与曹植的"丈夫志四海，万里犹比邻"，王勃的"海内存知己，天涯若比邻"有异曲同工之妙，很可能受到前代诗作的启发。

十年磨一剑。

　　金秋十月是收获的季节，今年也恰逢金砖国家合作
10 周年。"十年磨一剑。"金砖国家 10 年耕耘，10 年收获。
金砖国家一步一个脚印，合作不断走深走实，发展为具有
重要影响的国际机制，取得了丰硕成果。

　　　　——《坚定信心　共谋发展——在金砖国家领导人
　　　　第八次会晤大范围会议上的讲话》(2016 年
　　　　10 月 16 日)

2001 年 11 月，经济学家吉姆·奥尼尔在一篇名为《全球需要更好的经济之砖》的报告中，首次提出"金砖"概念。他以巴西、俄罗斯、印度、中国四国英文名称的第一个字母并列，创造了一个新词 BRICs，由于这个词和英文"砖头"的写法吻合，"金砖四国"的说法从此风靡全球。2006 年，中国、巴西、俄罗斯、印度四国外长在联合国大会期间举行首次外长会晤；2009 年 6 月，"金砖四国"领导人在俄罗斯名城叶卡捷琳堡举行首次正式会晤；2010 年 12 月底，南非获邀成为金砖国家。金砖合作，不但是推动世界经济增长的"压舱石"，也是全球秩序变革的"推进器"，还是维护国际和平稳定的关键力量。

椰林摇曳，沙滩延绵。2016 年 10 月 15 日至 16 日，习近平主席出席在印度果阿举行的金砖国家领导人第八次会晤。2016 年恰逢金砖国家合作机制成立 10 周年，习近平主席在讲话中，以"十年磨一剑"，总结金砖国家合作机制走过的历程，认为这 10 年，是共谋发展、不断前行的 10 年，是拓展合作、互利共赢的 10 年，是敢于担当、有所作为的 10 年。他还从五个方面为金砖国家合作开出良方：共同建设开放世界，共同勾画发展愿景，共同应对全球性挑战，共同维护公平正义，共同深化伙伴关系。

[诗词释义]

剑 客

〔唐〕贾岛

十年磨一剑，霜刃未曾试。
今日把示君，谁有不平事？

晚唐诗人贾岛以精于"推敲"著称，诗风枯寂悲苦，与孟郊被后人合称"郊寒岛瘦"。《剑客》是一首自喻诗，语言爽利，直吐胸臆，与其一贯诗风不同，可谓其生平第一快诗。

剑客花十年工夫打磨的这把剑，锋刃如霜，寒光凛凛，可知锐利无比。然而，如此利剑竟还没有试过锋芒。现在剑客把宝剑展示出来，并热切表明心迹：如果天下谁有不平之事，我愿仗剑扶危！显然，"剑客"是诗人自喻，"磨剑"比喻求学经历，"剑"喻示自身才能，而"剑未试"则暗喻才华和抱负没有施展。诗人托物言志，抒写了自己十年寒窗的艰辛生涯和欲展宏图的豪情壮志。

唐诗中咏剑的诗句非常多，李白留下的 900 多首诗中有 100 多处提到剑，这是唐人崇尚建功立业勇武精神的反映。剑里还隐喻着诸多意象。"安得倚天剑，跨海斩长鲸"（李白《临江王节士歌》），剑是侠义君子的象征；"感时思报国，拔剑起蒿莱"（陈子昂《感遇》其三十五），剑与报国之志相随；"勿轻直折剑，犹胜曲全钩"（白居易《折剑头》），剑代表宁折不弯的气节；"平生无恩酬，剑闲一百月"（孟郊《游侠行》），剑抒发怀才不遇的苦闷。离别之时，以剑寄寓宏大前程，"宝剑相持赠，关河意气多"（沈炼《沈玄斋赠剑以诗酬之》）；也用剑表达依依别情，"双剑欲别风凄然，雌沉水底雄上天"（李益《古别离》）。剑还寓示着经久磨砺，"十年磨一剑"即象征多年刻苦磨炼，类似的还有"宝剑锋从磨砺出，梅花香自苦寒来"等。

青山遮不住，毕竟东流去。

中国宋代诗人辛弃疾有一句名句，叫作"青山遮不住，毕竟东流去"。意思是天下的大江大河千回百转，历经多少曲折，最终都会奔流到海。只要我们坚定方向、锲而不舍，就一定能推动中美新型大国关系建设得到更大发展，更好造福两国人民和各国人民。

——《为构建中美新型大国关系而不懈努力——在第八轮中美战略与经济对话和第七轮中美人文交流高层磋商联合开幕式上的讲话》
(2016 年 6 月 6 日)

过去半个多世纪，国际关系中一个最重要的事件就是中美关系恢复和发展。虽然其间也经历了不少曲折和困难，但总体不断向前，而且取得了丰硕成果，造福了两国人民，也促进了世界和平、稳定、繁荣。中美合则两利、斗则俱伤，合作是双方唯一正确选择。中美合作可以办成许多有利于两国和世界的大事，中美对抗对两国和世界肯定是一场灾难。

2016年6月，在第八轮中美战略与经济对话和第七轮中美人文交流高层磋商联合开幕式上，习近平主席以辛弃疾的名句"青山遮不住，毕竟东流去"，表达了对中美关系的深刻认识。中美在一些问题上会有不同看法，关键是要相互尊重、平等相待，以建设性方式妥善管控和处理。推动中美关系健康稳定发展，是两国人民和国际社会的共同期盼。面对当前充满不确定性的国际形势，中美作为联合国安理会常任理事国，承担着特殊国际责任和义务。双方应该顺应世界潮流，共同维护亚太地区和平稳定，为促进世界和平与发展作出历史性贡献。尽管中美关系有曲折、有反复，但正如习近平主席强调的，两国应该共同努力、相向而行，秉持不冲突不对抗、相互尊重、合作共赢的精神，聚焦合作，管控分歧，推动中美关系健康稳定发展，给两国人民带来更多实实在在的利益。

[诗词释义]

菩萨蛮·书江西造口壁

〔宋〕辛弃疾

郁孤台下清江水，中间多少行人泪。西北望长安，可怜无数山。

青山遮不住，毕竟东流去。江晚正愁余，山深闻鹧鸪。

唐宋词人多以"菩萨蛮"这个词牌抒写儿女柔情，而辛弃疾却拓展了它的题材，借以抒发深沉的爱国情怀。

词人途经江西造口（又名皂口，在今江西万安县西南）时，看到由郁孤台（在今江西赣州西北）下流来的滔滔赣江，想起47年前隆祐太后被金兵追至此地，弃船登陆，逃往赣州的情形，不禁忧伤满怀。"多少行人泪"引发无尽联想，不只有隆祐太后仓皇而逃的凄楚之泪，也有百姓流离失所的痛苦之泪，还有将士为国尽忠的悲壮血泪，更有诗人感愤国耻的伤心之泪。词人往长安所在的西北方望去，却只见无数青山阻隔。不见中原，词人无比伤感。但是，青山遮不住的，是浩浩江水东流而去。江水奔腾向前，既是词人眼中所见，更是词人心中所感：不屈的意志，不变的信念，终会让收复中原的志业一往无前。然而朝廷软弱，时局堪忧，正值江晚山深，一怀愁绪之时，传来鹧鸪啼声。鹧鸪因叫声哀切而常作为寄托离愁忧思的意象，这声声啼鸣正是愁上浇愁，结尾的郁孤之怀与郁孤台之名暗相扣合。

全词善用比兴手法，句句言山水，处处有兴寄，抒写出感伤与振奋交织、沉郁与豪迈相融的复杂情感，真可谓一唱三叹、百感交集，成为饱含爱国情思、感人至深的千古绝唱。"青山遮不住，毕竟东流去"尤为后人传诵，不仅表达了抵御外敌、光复山河的坚定意志，也常用来比喻正义之所向、历史发展之规律是任何力量也阻挡不住的。

欲穷千里目，更上一层楼。

"欲穷千里目，更上一层楼。"中南关系已经站在新的历史起点上，双方加强合作的意愿强烈。我们愿同南方一道，抓住机遇，乘势而上，推动中南全面战略伙伴关系不断迈上新台阶，更好造福两国人民。

——在南非媒体发表署名文章《让友谊、合作的彩虹更加绚丽夺目》(2015 年 12 月 1 日)

　　"彩虹之国"南非,是镶嵌在非洲大陆最南端的一颗耀眼明珠。这是一片神奇的土地,风光秀美,资源富饶,人民勤劳,文化多元。在这片土地上,诞生了曼德拉,演绎了化干戈为玉帛的种族和解传奇。这里历经磨难又充满荣耀的民族解放斗争历史,赋予南非独特、深厚的魅力,吸引着世界的目光。

　　中国和南非虽然远隔千山万水,但两国人民友谊历久弥坚。早在南非人民反种族隔离斗争时期,中国人民就坚定支持南非人民争取平等、自由、解放的正义事业,同南非人民同呼吸、共命运、心连心,结下了深厚情谊。1998 年中国同新南非正式建交,开启了中南关系新纪元。之后,中南关系全面发展,实现了从伙伴关系到战略伙伴关系,再到全面战略伙伴关系的三级跳,完成了双边关系大踏步发展的历史性跨越,成为各自对外关系中最具活力、最重要的双边关系之一。可以说,中南友好合作正在沿着互利共赢、共同发展的方向不断乘风破浪前行。2015 年 12 月 1 日对南非进行国事访问前夕,习近平主席发表署名文章,引用"欲穷千里目,更上一层楼"这两句诗,表达了推动中南关系不断迈上新台阶,更好造福两国人民的美好愿望。

[诗词释义]

登鹳雀楼

〔唐〕王之涣

白日依山尽，黄河入海流。

欲穷千里目，更上一层楼。

　　这首登楼诗一般认为是王之涣所作。鹳雀楼故址在今山西永济西南，楼高三层，前瞻中条山，下瞰黄河，传说常有鹳雀栖息于此，故得此名。唐人在此留诗甚多，而此诗独步千古。

　　开篇两句写登楼望见的眼前景象。日落西山为远景，这是垂直运动；黄河东流为近景，这是水平运动，这一纵一横，把天地山河尽收眼中。如果说日落、河流是诗人目之所见，那么日尽西山、黄河入海则是目所未能见，完全是他由眼前景联想到的意中景，这一联想让画面的广度和深度无限延展，可谓"缩万里于咫尺"，写得纵横开阔、大气磅礴！

　　随后两句写观景之后的心理活动。正因为意中景超出目力所及，而诗人渴望扩大视域，看到千里之外，所以他想到登更高以见更远。尾句说明他想要再登一层楼，穷目力所能及，望尽山河之壮美。"千里""一层"，都是虚指，意谓纵横维度的延展。"一"与"千"，一小一大，数字悬殊，醒人眼目，引人深思，使后二句成为带有哲理性的警句。

"欲穷千里目，更上一层楼"，看上去平白如话，实则蕴藉深远。从中既可看出诗人乐于探求的进取精神和高瞻远瞩的胸襟抱负，也可悟出只有登得高才能望得远的朴素哲理。这两句议论自然承接前两句景物描写，将开篇的雄浑气势进一步推向阔达高远的境界，给人以无穷启迪，成为广为传诵的警句。

日月不同光，昼夜各有宜。

"日月不同光，昼夜各有宜。"正是因为有了差别，世界才多姿多彩；也正是因为有了分歧，才需要聚同化异。矛盾是普遍存在的，纯而又纯的世界是不存在的。中美两国在一些问题上存在不同看法、存在分歧在所难免，关键是如何管控。最关键的是双方应该相互尊重、求同存异，采取建设性方式增进理解、扩大共识，努力把矛盾点转化为合作点。

——《在华盛顿州当地政府和美国友好团体联合欢迎宴会上的演讲》（2015 年 9 月 22 日）

如何理解文化与文化之间的差别？如何看待国家与国家之间的分歧？在 2015 年 9 月对美国进行国事访问时，习近平主席引用"日月不同光，昼夜各有宜"这两句诗，不仅深刻地回答了这个问题，还巧妙地暗合了中美两国分处东西半球，此昼彼夜，时间不同，但仍属同一世界的客观自然现象。在谈及中美关系时，习近平主席曾提出应该坚持的三点原则：一是相互尊重，二是和平共处，三是合作共赢。对于分歧，习近平主席强调，中美两国虽然存有一些分歧，但双方利益高度交融，合作领域广阔，不应该落入所谓冲突对抗的陷阱，而应相互促进、共同发展。他提出的中美应该着力推动四个方面的优先事项中，"以建设性方式管控分歧和敏感问题，防止中美关系脱轨失控"就是其中重要的一条。

世界上没有两片完全相同的树叶，也没有完全相同的历史文化和社会制度。各国历史文化和社会制度差异自古就存在，是人类文明的内在属性。差异并不可怕，可怕的是傲慢、偏见、仇视，可怕的是想把人类文明分为三六九等，可怕的是把自己的历史文化和社会制度强加给他人。不同国家、不同文明，彼此尊重才能共同发展，求同存异才能合作共赢。中国传统文化讲究"己所不欲，勿施于人"，平等相待、和合与共是我们的共同诉求。各国应该在相互尊重、求同存异基础上实现和平共处，促进各国交流互鉴，为人类文明发展进步注入动力。

[诗词释义]

答姚怤见寄

〔唐〕孟郊

日月不同光，昼夜各有宜。

贤哲不苟合，出处亦待时。

而我独迷见，意求异士知。

如将舞鹤管，误向惊凫吹。

大雅难具陈，正声易漂沦。

君有丈夫泪，泣人不泣身。

行吟楚山玉，义泪沾衣巾。

　　孟郊是中唐"苦吟"诗人代表，这与他屡试不第、仕途多舛的际遇不无关系。这首答赠姚怤的五言古诗表达了诗人满腹才学不被赏识、一腔抱负无处施展的愤懑。同时，赞扬了姚怤是一位急公好义，深具同情心的友人。

　　开篇两句以自然现象起兴，意思是说，太阳和月亮各有自己运行的轨道，光芒各不相同，昼夜各得其所。《吕氏春秋·大乐》有言："日月星辰，或疾或徐，日月不同，以尽其行。"即是此理。三、四句紧承其后，指出贤哲之士不会徇俗苟合，他们静待出山发光之机遇。接下来四句是叙说自己的遭遇，他说自己曾抱有幻想，没能像贤哲那样把握分寸，而是意欲求得他人认同，然而这好比向野鸭吹奏舞鹤曲，徒然让它们受惊而已。九、十句"大雅难具陈，正声易漂沦"可谓字字含泪，堂堂"大雅""正声"不被认可。这正是诗人孜孜以求却处处碰壁的人生写照。最后四句赞美姚怂，说他具有大丈夫的品格，富有同情心，为朋友的不遇落泪，却从不为自己落泪。"楚山玉"出自《韩非子》"和氏献璧"的典故，指那些身怀宝璧却无人赏识的人，此指自己，而姚怂却为我的坎壈命运伤怀不已。

"日月不同光，昼夜各有宜"这两句诗不仅揭示了自然之道，也蕴含深刻的哲理：事物之间存在差别，它们和谐共处，从而构成了多彩的世界，因此应互相尊重、求同存异。

浩渺行无极，扬帆但信风。

"浩渺行无极，扬帆但信风。"亚太是我们共同发展的空间，我们都是亚太这片大海中前行的风帆。亚太未来发展攸关亚太经合组织每个成员的利益。

——《深化改革开放 共创美好亚太——在亚太经合组织工商领导人峰会上的演讲》(2013 年 10 月 7 日)

　　亚太是全球经济最重要的板块，也是最具发展活力的地区。1989 年，亚太经合组织（APEC）的建立，开启了亚太区域经济合作的新旅程。浩瀚的太平洋不再是地理上的阻隔，而成为联结亚太地区众多经济体的纽带，正如习近平主席所说，"亚太经合组织因水结缘"。APEC 是亚太地区级别最高、领域最广、影响力最大的经济合作机制，也是中国加入的最重要的区域经贸合作组织。1991 年，中国正式成为 APEC 大家庭的成员。APEC 成立以来的 30 多年，亚太地区经受住了两次金融危机的考验，10 多亿人摆脱贫困，成为世界经济增长中最强劲、最活跃的一个板块，为构建开放型世界经济、支持多边贸易体制、引领经济全球化发挥了积极作用。

　　"太平洋之所以广大，是因为它没有任何自然阻隔，我们不应该为它设定人为的阻隔。"在 2013 年 10 月的亚太经合组织工商领导人峰会上，习近平主席以"浩渺行无极，扬帆但信风"这两句诗，抒发了中国同亚太和世界和平相处、共创未来的情怀。在这次演讲中，习近平主席分享了四点愿景：亚太地区应该谋求共同发展，应该坚持开放发展，应该推动创新发展，应该寻求联动发展。

[诗词释义]

送朴山人归新罗

〔唐〕马戴

浩渺行无极，扬帆但信风。

云山过海半，乡树入舟中。

波定遥天出，沙平远岸穷。

离心寄何处，目断曙霞东。

　　这是一首赠别诗，《全唐诗》一说作者为"尚颜"，实为误题。诗人送别的朴山人来自新罗，山人是对他的尊称。新罗位于朝鲜半岛南端，当时与唐朝关系密切，不少心慕大唐文化的新罗人前来中国求学交游。这首诗生动地描绘了友人即将启航返乡的海上风光，同时也抒发了依依别情，表达出对外国友人的深厚情谊。

　　"浩渺行无极，扬帆但信风"，开篇设想了友人在广阔无边的大海上扬帆启航、乘风破浪的恢宏画面。"无极"，无边无际；"信"，听凭、任由；"风"意指吉顺之风。这句话也是诗人的友善祝语，祝福友人前路广阔，御风而行，顺利抵达目的地。后人常引用这句话为远行的朋友壮行，预祝朋友一帆风顺，前景光明。

　　中间两联继续任想象驰骋。"云山""乡树""波定""沙平"，可谓一路祥和一路景，正是应了"扬帆但信风"的美好祝词。尾联预想离别后的怀念之情。"曙霞东"，明指太阳升起的东方，暗指友人故乡新罗所在的方向。此处一别，离愁寄往何处？今后只有遥望东方，送上悠悠思念。言有尽，祝福与怀想无尽，跨越千山万水的异国情谊令人感怀。

山重水复疑无路，柳暗花明又一村。

增长动力从哪里来？我的看法是，只能从改革中来，从调整中来，从创新中来。亚太一直是世界经济增长的重要引擎，在世界经济复苏缺乏动力的背景下，亚太经济体应该拿出敢为天下先的勇气，推动建立发展创新、增长联动、利益融合的开放型经济发展方式。只有这样，才能做到"山重水复疑无路，柳暗花明又一村"，使亚太经济在世界经济复苏中发挥引领作用。

——《深化改革开放　共创美好亚太——在亚太经合组织工商领导人峰会上的演讲》(2013年10月7日)

[延伸阅读]

　　2013 年，世界经济形势总体朝好的方向发展，但不稳定不确定因素依然突出。国际金融危机深层次影响仍未消除，跨境金融风险不可忽视。主要发达经济体结构性问题远未解决，加强宏观经济政策协调必要性突出。一些亚太新兴市场经济体面临的外部风险和压力增大，金融市场波动，经济增速放缓。实现世界经济全面复苏和健康成长仍然面临严峻挑战。

　　面对世界经济形势带来的新挑战，无论是发达经济体还是发展中经济体，都在努力寻求新的增长动力。当此之时，亚太经合组织第二十一次领导人非正式会议在印度尼西亚巴厘岛举行。习近平主席在亚太经合组织工商领导人峰会上提出，从改革、调整、创新中要增长动力。广袤的太平洋，见证亚太经合组织合作不断深化，取得长足进展，亚太地区成为世界经济增长中最强劲、最活跃的一个板块。当前，世界正在经历百年未有之大变局，而新冠肺炎疫情加速了这一变化。唯有团结合作、守望相助，才能共创共享亚太和平繁荣美好未来，向着构建人类命运共同体的远大目标迈出新的步伐。

[诗词释义]

游山西村

〔宋〕陆游

莫笑农家腊酒浑，丰年留客足鸡豚。
山重水复疑无路，柳暗花明又一村。
箫鼓追随春社近，衣冠简朴古风存。
从今若许闲乘月，拄杖无时夜叩门。

　　这首纪游抒情诗是陆游被弹劾罢归故乡山阴（今浙江绍兴市）时所作。全诗丝毫看不到郁结之气，诗人紧扣诗题"游"字，截取典型景物和情事，抒写了江南农村的秀美风光和淳朴风俗，字里行间洋溢着闲适、欢快、喜爱的感情。

　　首联写诗人出游到农家，农民拿出酒肉，盛情款待，一派丰收、欢悦的气象。"莫笑"表达了对淳厚民风的赞颂，"足"字道出农家热情待客的豪爽。颔联写村外之景物，山峦重叠、水流蜿蜒，几近迷路之际，忽然柳绿花艳，一片村舍映入眼帘，顿觉豁然开朗，好一幅生动明快的山水春光图！颈联转写村中之情事，依照传统祭春社，吹箫击鼓祈丰年，农家衣冠简朴的古风尚存，让诗人倍感亲切。前三联展现了山西村的人情美、风物美、民俗美，令人流连忘返，尾联用想象的笔触抒发乘月夜游之愿，期待随时拄杖叩门，哪怕夜里也要把酒畅谈，对故里乡亲的挚爱溢于言表。

　　"山重水复疑无路，柳暗花明又一村"两句，不仅描绘出明丽的春景，同时蕴涵了深邃的哲理：山穷水尽处往往包含峰回路转的生机，经历困境后常常否极泰来。这一理趣与诗人当时心境吻合，也与人生许多境遇契合，揭示了世间万物消长变化的规律，也激励人们始终心怀光与亮，开辟新天地。这一充满艺术与哲思的诗句激起古今共鸣，广为后世引用。

"诗词释义"部分主要参考文献

《诗集传》，〔宋〕朱熹著，赵长征点校，中华书局 2018 年版

《诗经通论》，〔清〕姚际恒撰，邵杰点校，语文出版社 2020 年版

《诗经选》，余冠英注译，人民文学出版社 1979 年第 2 版

《诗经译注（修订本)》，周振甫译注，中华书局 2010 年版

《诗经全注》，褚斌杰注，人民文学出版社 2019 年版

《诗经注析》，程俊英、蒋见元著，中华书局 2017 年版

《楚辞选》，金开诚、高路明选注，人民文学出版社 2021 年版

《楚辞全注》，方铭注，人民文学出版社 2019 年版

《楚辞译注》，董楚平译注，上海古籍出版社 2016 年版

《古诗十九首集释》，隋树森集释，中华书局 2020 年版

《古诗十九首与乐府诗选评》，曹旭撰，上海古籍出版社 2011 年版

《汉魏六朝诗选》，余冠英选注，中华书局 2012 年版

《古诗赏析》，〔清〕张玉榖著，许逸民点校，上海古籍出版社 2000 年版

《古诗源》，〔清〕沈德潜选，闻旭初标点，中华书局 2017 年版

《陶渊明诗》，袁行霈评注，中华书局 2014 年版

《庾信诗全集（汇校汇注汇评）》，陈志平编著，崇文书局 2017 年版

《全唐诗（增订本）》，中华书局 1999 年版

《唐诗选》，中国社会科学院文学研究所选注，人民文学出版社 2003 年版

《唐诗选》，马茂元选注，上海古籍出版社 2021 年版

《唐诗汇评（增订本）》，陈伯海主编，上海古籍出版社 2015 年版

《王昌龄诗注》，李云逸注，上海古籍出版社 1984 年版

《李白全集校注汇释集评》，詹锳主编，百花文艺出版社 1996 年版

《李白诗文选评》，赵昌平撰，上海古籍出版社 2012 年版

《李白诗选》，薛天纬选注，人民文学出版社 2017 年版

《杜甫诗选》，谢思炜评注，人民文学出版社 2005 年版

《杜甫选集》，邓魁英、聂石樵选注，上海古籍出版社 2012 年版

《刘禹锡全集编年校注》，陶敏、陶红雨校注，中华书局 2019 年版

《白居易诗集校注》，谢思炜校注，中华书局 2017 年版

《白居易选集》，王汝弼选注，上海古籍出版社 2012 年版

《李商隐诗全集（汇编汇注汇校）》，郑在瀛编著，崇文书局 2015 年版

《全宋诗》，傅璇琮等主编，北京大学出版社 1992 年版

《宋诗选注》，钱锺书选注，人民文学出版社 2017 年版

《全宋词（简体增订本）》，唐圭璋编纂，王仲闻参订，孔凡礼补辑，中华书局 1999 年版

《宋词选》，胡云翼选注，人民文学出版社 2022 年版

《王安石全集》，王水照主编，复旦大学出版社 2016 年版

《王安石诗文选评》，高克勤撰，上海古籍出版社 2017 年版

《苏轼文集》，孔凡礼点校，中华书局 1986 年版

《苏轼选集（修订本）》，王水照选注，中华书局 2015 年版

《苏轼诗词选》，陈迩冬选注，人民文学出版社 2018 年版

《剑南诗稿校注》，钱仲联校注，上海古籍出版社 1985 年版

《陆游选集》，王水照、高克勤选注，人民文学出版社 1997 年版

《辛弃疾选集》，吴则虞选注，上海古籍出版社 2014 年版

《杨万里诗文集》，〔宋〕杨万里著，王琦珍整理，江西人民出版社 2006 年版

《元好问诗编年校注》，狄宝心校注，中华书局 2018 年版

《杨维桢诗集》，邹志方点校，浙江古籍出版社 2010 年版

《清诗选》，福建师范大学中文系古典文学教研室选注，人民文学出版社 2009 年第 2 版

《小仓山房诗文集》，〔清〕袁枚著，周本淳标校，上海古籍出版社 1988 年版

《郑板桥集》，上海古籍出版社 1979 年新 1 版

《龚自珍诗全集（汇校汇注汇评）》，汤克勤编著，崇文书局 2019 年版

《龚自珍诗选》，刘逸生选注，三联书店（香港）有限公司1990年版

《林则徐选集》，杨国桢选注，人民文学出版社2004年版

《岭南历代诗选》，陈永正选注，广东人民出版社1993年版

《沧浪诗话校释》，〔宋〕严羽著，郭绍虞校释，人民文学出版社1983年版

《随园诗话》，〔清〕袁枚著，顾学颉校点，人民文学出版社1982年版

《人间词话》，王国维著，徐调孚、周振甫注，王仲闻校订，人民文学出版社2017年版

《先秦诗鉴赏辞典（新一版)》，上海辞书出版社文学鉴赏辞典编纂中心编，上海辞书出版社2016年版

《汉魏六朝诗鉴赏辞典（新一版)》，吴小如等撰写，上海辞书出版社2016年版

《唐诗鉴赏辞典（新一版)》，俞平伯等著，上海辞书出版社2013年版

《宋诗鉴赏辞典（新一版)》，缪钺等著，上海辞书出版社2015年版

《元明清诗鉴赏辞典（新一版)》，上海辞书出版社文学鉴赏辞典编纂中心编，上海辞书出版社2018年版

《楚辞名篇鉴赏辞典》，上海辞书出版社文学鉴赏辞典编纂中心编，上海辞书出版社2009年版

《文天祥诗文赏析集》，夏延章主编，巴蜀书社1994年版

《中国名诗三百首》，韩经太主编，人民文学出版社2020年版

《毛泽东诗词鉴赏》，臧克家主编，河北人民出版社 2012 年版

《毛泽东诗词全编鉴赏》，吴正裕主编，李捷、陈晋副主编，人民文学出版社 2017 年版

《周恩来诗讲析》，刘滋培著，宁夏人民出版社 1981 年版

《朱德诗词赏析》，胡国强主编，中央文献出版社 2006 年版

《革命烈士诗歌选读》，王毅编著，人民文学出版社 2012 年版